Timothy Kang
Gegen den Strom
Meine Flucht aus dem Elend Nordkoreas

Timothy Kang

Gegen den Strom

Meine Flucht aus dem Elend Nordkoreas

Aus dem Koreanischen von Hanna Kim

SCM

Stiftung Christliche Medien

Der SCM Verlag ist eine Gesellschaft der Stiftung Christliche Medien, einer gemeinnützigen Stiftung, die sich für die Förderung und Verbreitung christlicher Bücher, Zeitschriften, Filme und Musik einsetzt.

© der deutschen Ausgabe 2015
SCM-Verlag GmbH & Co. KG · Max-Eyth-Straße 41 · 71088 Holzgerlingen
Internet: www.scmedien.de · E-Mail: info@scm-verlag.de

Soweit nicht anders angegeben, sind die Bibelverse
folgender Ausgabe entnommen:
Neues Leben. Die Bibel, © der deutschen Ausgabe 2002 und 2006
SCM-Verlag GmbH & Co. KG, Witten.
Weiter wurde verwendet:
Elb: Elberfelder Bibel 2006,
© 2006 SCM-Verlag GmbH & Co. KG, Witten.

Übersetzung: Hanna Kim
Co-Autorin: Carmen Matussek
Umschlaggestaltung: Amos Herter und Kathrin Spiegelberg
Titelbildhintergrund: pixabay.com
Satz: typoscript GmbH, Walddorfhäslach
Druck und Bindung: CPI books GmbH, Leck
Gedruckt in Deutschland
ISBN 978-3-7751-5695-0
Bestell-Nr. 395.695

Inhalt

Flussaufwärts
von Timothy Kang

Es ist mein Traum
Flussaufwärts in meine Heimat zurückzukehren

So wie die schillernden Lachse heimkehren
Zurück an den vertrauten Ort voller Lebenserinnerungen

In den Weiten des Meeres erlangte ich die Kraft
Den rauen Wasserströmen des Flusses entgegenzuziehen

Jede Bedrängnis, jeden Schmerz vermochte ich durchzustehen
Für meine Berufung, der nächsten Generation
das Leben auszurufen

Ich bin glücklich, weil ich einen Traum habe
Ich bin glücklich, weil meine Heimat in Erinnerung wiederkehrt

Meinen Traum zu leben ist mein Glück

Vorwort

Ich befinde mich auf einem großen Platz in Pjöngjang, der Hauptstadt Nordkoreas. Hier soll unter freiem Himmel unser Gottesdienst stattfinden. Doch es regnet schon den ganzen Vormittag. Ein Gemeindeglied nähert sich dem Leiter und fragt vorsichtig:»Wollen wir den Gottesdienst nicht besser verschieben? Schau, wie es regnet!«

Doch der Leiter antwortet:»Wir feiern Gottesdienst, um Gottes Namen zu erhöhen und zu verherrlichen. Selbst wenn es regnet, wollen wir für das Land Buße tun, beten und Gott loben.« Schließlich wird Gottes Wort inmitten des Regens verkündet, und die Menschen tun Buße für die eigene Sünde und für die Sünde ihres Volkes.

»Herr, ich bin voller Sünde. Ich habe das Leid meines Volkes nicht wie mein eigenes Leid empfunden. Es tut mir leid, dass ich nicht für mein Volk gebetet habe und stattdessen egoistisch nur für mich gelebt habe. Und vergib die Schuld, die unsere Vorfahren durch Götzenanbetung auf das Volk gebracht haben. Vereine Korea wieder und lass es ein Land werden, das auf dich hört und dir dient. Herr, rette dieses Land und dieses Volk!«

In einer Vision verkündete ich Gottes Wort auf dem Kim-Il-Sung-Platz.
Dies ist mein Traum geworden.

Wegen des starken Regens erwarte ich außer den Mitarbeitern nicht viele Leute. Doch als ich nach dem Gebet aufblicke, traue ich meinen Augen kaum, so viele Menschen haben sich versammelt. Nach und nach sind Passanten hinzugekommen, und nun stehen sie mit erhobenen Händen auf dem Platz und beten in Buße. Der Regen, der in Strömen auf die Versammelten fällt, gleicht nun einem Regenguss des Heiligen Geistes, der die durstigen Seelen der Menschen tränkt. Der Heilige Geist wirkt mächtig unter uns. Als ich aus meinem Zustand des Halbschlafes erwachte, wurde mir bewusst, dass Gott mir diesen Traum geschenkt hatte. Der Leiter des Gottesdienstes war kein anderer als ich selbst. Damals war ich 13 Jahre alt. Ich hatte in meinem Leben noch nicht viel von Gott gehört und verstand den Traum nicht sofort. Doch Gott zeigte mir später in einem zweiten Traum dieselbe Szene noch einmal. Ich glaubte ihm, dass er mich für Nordkorea gebrauchen wollte, und entschied mich im Alter von 13 Jahren, Gott mit meinem ganzen Leben zu dienen.

Im Moment wäre es unmöglich, in Nordkorea einen solchen Gottesdienst abzuhalten, weder unter freiem Himmel noch in einem Gebäude. Die Gefahr, entdeckt zu werden, und die Angst wären zu groß. Denn Nordkorea ist das Land, in dem laut Weltverfolgungsindex* Christen am meisten verfolgt werden. Aber die Zeit wird kommen. Es wird eines Tages möglich sein, mitten in der Hauptstadt bei strömendem Regen die Hände zum lebendigen Gott zu erheben und ihn anzubeten. Wenn es so weit ist, werde ich bereit sein.

Die Entscheidung, ein Buch zu schreiben, fiel in einer der dunkelsten Zeiten meines Lebens. Ich befand mich im Gefängnis der nordkoreanischen Staatssicherheit in Hwe'ryŏng. Mein

---

* Der Weltverfolgungsindex wird jährlich von Open Doors erhoben und zeigt die 50 Länder, in denen Christen der größten Verfolgung ausgesetzt sind. Nordkorea steht dabei seit vielen Jahren an erster Stelle. https://www.opendoors.de/verfolgung/weltverfolgungsindex2015/ weltverfolgungsindex2015/

Freund Paul, mit dem ich gemeinsam in China die Bibel studiert hatte, fragte mich: »Chŏl*, warum passiert uns das alles?« Paul war für seinen christlichen Glauben zu lebenslanger Haft im politischen Gefängnislager verurteilt worden. Niemand überlebte lange an diesem Ort. Ich konnte ihm auf seine Frage keine Antwort geben und suchte nach Worten, die ihn trösten könnten. Nach einer ganzen Weile Zögern sagte ich: »Paul, wir haben doch eine Hoffnung …«

Wir haben die Hoffnung, nach dem Tod ins Himmelreich zu kommen. Im Evangelium ist Leben und die Kraft, die den Tod besiegt. Paul nahm mir ein Versprechen ab: »Du musst hier lebend rauskommen und allen Menschen berichten, was hier geschieht.« Ich wusste zu diesem Zeitpunkt nicht einmal, ob ich den nächsten Morgen noch erleben würde. Doch ich gab ihm mein Versprechen. Sollte ich überleben, würde ich Pauls Stimme sein.

Ich wünsche mir, dass dieses Buch Menschen dazu bewegt und anleitet, für Korea zu beten. Gott hat mir die Gewissheit ins Herz gegeben, dass er dieses Volk durch Fürbitte aus seinem Elend befreien wird.

Die harten Umstände, über die ich schreibe, betrachte ich nicht als etwas, womit ich mich rühmen könnte. Aber ich möchte auch nicht darüber schweigen. Vielmehr möchte ich darin die Spuren des einen Gottes sichtbar machen, die sich auf meinem Lebensweg abgezeichnet haben. Beim Schreiben musste ich mir ständig die schmerzhafte Vergangenheit wieder in Erinnerung rufen, und dabei sind auch viele Tränen geflossen. Ich brauchte

---

*   Pseudonym des Autors für seine Zeit in Nordkorea, bevor er später den biblischen Namen Timothy annahm.

jedes Mal Zeit, um mich von meinen Gefühlen zu distanzieren, damit ich überhaupt schreiben konnte. Viele grausame Einzelheiten habe ich ausgelassen. Aber es ist mir ein großes Anliegen, dass die Welt erfährt, was in Nordkorea geschieht, und dass Menschen sich davon berühren lassen und Fürbitte tun. Deswegen erzähle ich meine Geschichte. Außerdem habe ich es Paul versprochen. Ich gebe Gott alle Ehre, der bis zum heutigen Tag mit mir gegangen ist und mich bewahrt hat.

Mein Dank gilt allen Missionaren und Menschen, die unter Tränen für mich gebetet und mir geholfen haben, die Person zu werden, die ich heute bin. Eigentlich hatte ich die Namen all derer aufgelistet, denen ich zum Dank verpflichtet bin, und es waren so viele, dass sie über eine Seite gefüllt hätten. Doch dann wurde mir bewusst, dass viele davon gar nicht öffentlich gemacht werden dürfen. Deswegen habe ich die Namen zunächst durch uns geläufige Spitznamen ersetzt, dann einige wieder gestrichen und letztlich beschlossen, die Liste ganz wegzulassen. Ich möchte daher nur erwähnen, dass es sehr viele Menschen gibt, die mir unglaublich geholfen haben und deren Namen zwar ungenannt bleiben, aber denen ich allezeit von ganzem Herzen dankbar bin.

I.
Nordkorea

Das Land, in dem ich aufgewachsen bin, schreit nach Gebet. Aber nur sehr wenige Menschen hören das, denn es ist ein stummer Schrei. Nordkorea ist wie kein anderes Land von der Außenwelt abgeschnitten.

Korea war in seiner jüngeren Geschichte nur für kurze Zeit unabhängig. Mal war es unter mongolischer Herrschaft, dann Teil des Chinesischen Kaiserreiches gewesen. Anfang des 20. Jahrhunderts wurde es dem Japanischen Kaiserreich eingegliedert, und nach der Kapitulation Japans wurde es nach dem Zweiten Weltkrieg unter den Siegermächten Amerika und Russland aufgeteilt. Der Norden wurde von der Roten Armee besetzt. Das politische und wirtschaftliche System, das wir bis heute in Nordkorea sehen, ist stalinistisch geprägt. Die »Demokratische Volksrepublik Korea«, wie sich das Land offiziell nennt, wurde im August 1948 ausgerufen. Die einzige wählbare Partei Nordkoreas ist die »Partei der Arbeit Koreas«. Ihr erster Vorsitzender war Kim Il Sung. Von 1948 bis heute ist er der Diktator Nordkoreas. Er ist zwar 1994 gestorben, aber er gilt über seinen Tod hinaus als der »Ewige Präsident«. Er verfolgte eine Politik der

Isolation und schnitt das Land auf allen erdenklichen Gebieten von der Außenwelt ab – politisch, wirtschaftlich, gesellschaftlich und auch ideologisch. Er entwickelte eine eigene Theorie, die sogenannte Chuch'e-Ideologie*, die die Autarkie Nordkoreas als oberstes Ziel beschreibt. Die Grenzen Nordkoreas sind dicht in beide Richtungen. Man kann von außen nicht hinein, zumindest nicht frei reisen und schon gar nicht dauerhaft dort bleiben. Und man kann auch nicht hinaus – es sei denn, man ist bereit, dafür sein Leben zu riskieren.

Kim Il Sung und seine Familie werden wie Götter verehrt, neben denen es keine anderen Götter geben darf.

Kindheit und Hunger im Reich der Kims

Ich wurde 1986 in dem kleinen Dorf Unchŏn in Danchŏnsi, Hamkyŏngnamdo geboren. Das liegt nahe der östlichen Küste Nordkoreas zum Japanischen Meer ungefähr auf halber Höhe. Dort wuchs ich in einem Bergwerkdistrikt auf. Wo man auch hinsah, gab es nur Steine und der Wind wirbelte Staub auf, der sich dann auf alles setzte. Alles war grau und braun, keine Farbe, kein Grün. Hätte es dort etwas Grünes gegeben, hätten die Leute es sofort gegessen. Wir hungerten.

Als ich drei Jahre alt war, kam mein Vater bei einem Unfall ums Leben. Mit ihm verloren wir unseren Schutz, unsere Versorgung und unsere Wohnung. Ohne ein Zuhause zog meine Mutter mit mir umher. Zu dieser Zeit litten etwa zwei Drit-

---

* Sprich »Dschutsche«.

tel der Nordkoreaner Hunger, und meine Mutter konnte mich nicht ernähren. Dabei war das noch vor der großen Hungerkatastrophe, die 1994 begann. Schweren Herzens beschloss sie, mich zur Adoption freizugeben, und so kam ich in eine Pflegefamilie. Meine Mutter war alles für mich. Sie war mein Halt. Ich konnte ohne sie nicht sein. So weinte ich unaufhörlich und verweigerte tagelang das Essen. Schließlich wurde ich zu meiner Mutter zurückgeschickt. Das Leben war von Armut und Hunger geprägt, aber ich fühlte mich bei meiner Mutter geborgen, und sie musste mir ihr Versprechen geben, dass wir uns nie wieder trennen würden.

Eine Zeit lang kamen wir gemeinsam bei meiner Großmutter unter, der Mutter meiner Mutter. Ihr war ich ein Dorn im Auge, da sie auch nur knapp über die Runden kam und in mir eine weitere Person sah, die sie durchfüttern musste. Der Hunger bringt das Schlechte im Menschen zum Vorschein. Das musste ich später an mir selbst auch erleben. Und er zerstört Familien, die er im Kampf ums Überleben oder durch den Tod auseinanderreißt. Großmutter gab mir eine kleine Axt zum Holzhacken, denn ich sollte mir mein Essen verdienen. Mir fällt es beim Schreiben selber schwer zu glauben, dass ich damals erst vier Jahre alt war. Ich ging täglich hinaus aus der grauen Stadt in die Berge und auf die Felder, um Holz und Getreide zu beschaffen. Von Kartoffeln über Bohnen, Mais und Rettich bis hin zu allem, was ich fand, sammelte ich auf. Wenn ich etwas nach Hause brachte, freute sich Großmutter. Kam ich jedoch mit leeren Händen heim, beschimpfte sie mich.

Auf Dauer konnten wir nicht bei Großmutter leben. Später wohnten und arbeiteten wir beide in einem kleinen Restaurant. Zu dieser Zeit begann ich, andere Kinder um ihre Väter zu beneiden. Wir wurden immer nur ausgenutzt, und ein Mann stellte in unserer Gesellschaft einen gewissen Schutz dar. Eines Tages sagte ich, während ich das Feuer bereitete:»Mutter, ich vermisse Vater.« Ich wusste, dass er nicht mehr am Leben war, aber ich sprach einfach aus, was mir auf dem Herzen lag.»Ich hätte auch gerne einen Vater, so wie die anderen Kinder. Wie wäre es mit einem Stiefvater?«

Dieser Vorschlag traf meine Mutter unerwartet. Sie bemühte sich jedoch daraufhin um eine Ehevermittlung und heiratete einen Mann mit Zwillingstöchtern. Mutter kam immer spät von der Arbeit im Restaurant nach Hause, während mein Stiefvater schon relativ früh heimkam. Seinen Töchtern war er ein guter Vater, doch für mich war er eine beängstigende Person. Er schien seinen ganzen Stress an mir auszulassen, indem er mich schlug. Ich rannte dann weg und wartete im Freien, bis meine Mutter von der Arbeit kam und wir zusammen ins Haus gehen konnten. Das wiederholte sich immer wieder, bis Mutter sich schließlich meinetwegen scheiden ließ.

Daraufhin suchte sie bei den Ehevermittlungen nach einem Partner, der mich wie sein leibliches Kind aufziehen würde. Aber das war nicht einfach. Im Alter von fünf Jahren bekam ich meinen fünften und letzten Stiefvater. Er war ein intellektuelles Genie. 1960 war er mit seinen Großeltern von China nach Nordkorea geflohen. Heute ist das kaum vorstellbar, aber es hat eine Zeit gegeben, in der die Menschen von China nach Nordkorea kamen, um ein besseres Leben zu führen, und nicht umgekehrt. Ein tragisches Schicksal hatte die Familie meines Stiefvaters ereilt, als sein Großvater den Bilderrahmen eines Porträts von Kim Il Sung beim Putzen versehentlich zerbrach. Der Nachbar erfuhr von dem Vorfall und in der darauffolgenden

Nacht verschwand der Großvater spurlos. Wenn man in Nordkorea unbedacht über Kim Il Sung spricht oder ein Bild von ihm beschädigt, wird man als Reaktionär ins politische Gefängnislager geschickt, was einem Todesurteil gleichkommt. Porträts von Kim Il Sung und Kim Jong Il sind im Land der Kims allgegenwärtig. Sie zieren jeden öffentlichen Platz, hängen in jedem Klassenzimmer und dürfen in keiner Privatwohnung fehlen. Ich werde später mehr über die Vergötterung des nordkoreanischen Herrscherhauses berichten.

Als Angehörige eines politischen Häftlings jedenfalls blieb der Familie meines Stiefvaters unabhängig von der erbrachten Leistung jede Chance auf Erfolg verwehrt. Mein Stiefvater konnte sich daher nicht beruflich weiterentwickeln, aber er erhoffte sich, seinen unerfüllt gebliebenen Traum durch mich zu verwirklichen.

Deswegen unterrichtete er mich sehr streng. Wenn ich nach Hause kam, hatte ich mehr Hausaufgaben von ihm als von der Schule. Und wenn ich seine Hausaufgaben nicht erledigt hatte, durfte ich am nächsten Tag nicht zur Schule gehen. Damit hatte ich so viel zu tun, dass ich nicht einmal im Schlaf ans Spielen denken konnte. Gerne hätte ich mit den anderen Kindern draußen gespielt, aber ich musste lernen und Aufgaben lösen.

Nichtsdestotrotz hatte ich es meinem Stiefvater zu verdanken, dass ich in der Schule auf meine Aufsätze und in Mathematik stets die beste Note bekam. Einmal wurde ich für einen Kurzaufsatz an der ganzen Schule bekannt, aber das hatte andere Gründe. Es war im Jahr 1994, als Kim Il Sung gerade verstorben war und wir einen Satz unter Verwendung des Wortes »unerwartet« verfassen sollten. Die Kinder in meiner Klasse schrieben Sätze wie: »Als ich die Tür öffnete und hinausging, kam mein Vater unerwartet nach Hause.« Ich hingegen schrieb: »Als ich in der Schule eintraf, erhielt ich die unerwartete Nachricht über den Tod des verehrten Oberbefehlshabers Kim Il Sung und weinte unaufhörlich.« Für diesen Aufsatz konnte mich mein Lehrer nicht genug loben und tat das gleich vor allen Schülern der Schule.

Kim Il Sung hatte Nordkorea von 1948 bis zu seinem Tod 1994 als erster stalinistischer Diktator regiert. Ich verstand nichts von Politik und hatte bei der Todesnachricht auch nicht wirklich geweint. Aber in diesen ersten acht Jahren meines Lebens war Kim Il Sung mein Gott gewesen, und nun war er tot. Das ganze Volk weinte bei der Nachricht. Es war zum Weinen verpflichtet.

Der große Wunsch vieler Menschen bestand darin, Kim Il Sung und Kim Jong Il persönlich zu treffen, ein Foto mit ihnen zu machen und ein Autogramm von ihnen zu bekommen. Der Grund dafür war, dass die Medien dies als größte Ehre im Leben darstellten. Wir sahen in den Nachrichten, welche Region die Kims vor Kurzem besucht hatten, oder sahen Dokumentationen, die uns mit der Erwartung erfüllten, dass die Kims auch unsere Ortschaft in Kürze besuchen würden. Wir wurden aus diesem Grund angewiesen, das Dorf und die Straßen immer sauber zu halten. Für den Fall, dass ein Kim mit dem Zug anreisen würde, wurden wir auch darauf vorbereitet, ihn bereits auf den Straßen mit Papierblumen zu empfangen. »Wir erwarten den Tag, an dem der General zu uns kommen wird«, sagten wir, während wir das Dorf säuberten. Wir alle lebten in dem festen Glauben, dass ein einziger Besuch der Kims alle Probleme der Welt lösen würde.

Wir sollten diese Menschen ehren und ihrem Beispiel folgen, weil sie das Land von den Japanern befreit und das heutige Nordkorea geschaffen hätten. Bis 1945 war Korea Teil des Japanischen Kaiserreiches gewesen.

Wichtige Fächer, in denen ich unterrichtet wurde, waren unter anderem »Die Kindheit des großen Oberbefehlshabers Kim Il Sung« und »Die Kindheit des großen Führers Kim Jong Il«. Kim Jong Il war in der Sowjetunion geboren worden, aber wir lernten, dass er begleitet von Zeichen und Wundern in einer Hütte auf dem Paektusan, dem höchsten Berg Nordkoreas an der Grenze zu China, geboren worden war. Die angebliche Stelle ist ein Wallfahrtsort, an dem Blumen und Bäume nach Kim Jong Il benannt sind. Inzwischen ist wohl noch »Die Kindheit von Mutter Kim Jŏng Suk« als Lehrfach an der Schule hinzugekommen.

Wer Zugang zu einem Fernsehgerät hatte, konnte über den einzigen verfügbaren Kanal von früh bis spät der Propaganda der Regierung folgen. Zum größten Teil handeln die Spielfilme, die dort gezeigt werden, von der Opferbereitschaft der tapferen nordkoreanischen Soldaten, die ihr Leben freudig für den Großen Führer lassen. In Dokumentationen bekommt man den einzig zulässigen Eindruck von der Außenwelt vermittelt. Da sieht man zum Beispiel ein verarmtes Amerika, dessen Bevölkerung nur dank nordkoreanischer Hilfsgüter überlebt.[*] Vielen Menschen bleibt nichts anderes übrig, als alldem zu glauben, denn sie haben nie etwas anderes gehört. Internet gibt es nicht. Über einen wachsenden Schwarzmarkt kommen südkoreanische Fernsehserien nach Nordkorea. Aber wer mit solchen DVDs erwischt wird, kommt ins Gefängnis und gefährdet nicht

---

[*] Beispiel: https://www.youtube.com/watch?v=CJoQOQHQ8oA

nur sich selbst, sondern auch seine ganze Familie. Denn wer die Wahrheit über die Welt außerhalb Nordkoreas erfährt, wird schnell aufhören, die Kims zu verehren. Aber darauf ist das ganze System des Landes aufgebaut. Besonders Kim Il Sung werden übernatürliche Kräfte zugemessen. Statuen, Wandmosaike und Inschriften werden im ganzen Land errichtet, gepflegt und erneuert. Der Personenkult kostet ein Vermögen, während die Menschen verhungern.

Nordkorea ist bis zum heutigen Tag immer auf Krieg eingestellt. In Pjöngjang gibt es Luftschutzbunker, in denen die Bewohner Zuflucht finden können. Mein Heimatort ist zwar ein Erzeugerdistrikt, aber auch dort sind für den Fall des Krieges Luftschutzbunker errichtet worden. Nordkorea nennt den Bau von Luftschutzbunkern »Konstruktion zur nationalen Verteidigung«. Einmal hatte mich mein Onkel in einen tiefen Bunker mit hinuntergenommen. Ich erinnere mich, tief unter der Erde mit Schießpulver gespielt zu haben. Bereits als Kind dachte ich, dass es irgendwann zum Krieg kommen würde. Manchmal heulten die Sirenen und man schickte die Leute als Übung für den Ernstfall in die Bunker. Die Propaganda erzählte uns ständig, dass wir von feindlichen Mächten umgeben seien und dass Südkorea und Amerika Nordkorea angreifen wollten. Wir mussten immer auf der Hut sein.

An den Geburtstagen der Kims gab man uns jeweils ein Kilogramm Süßigkeiten und Kekse und wir sollten uns vor den Kim-Porträts mit den Worten »Großer Führer und Oberbefehlshaber Kim Il Sung, wir danken Ihnen«, und »Großer Führer Kim Jong Il, wir danken Ihnen«, verbeugen. Da wir von Kindheit an dazu erzogen worden waren, kamen wir nicht auf die Idee, diese Handlungen zu hinterfragen.

Doch im Laufe der Zeit erreichten uns immer weniger Süßigkeiten und Kekse, und Letztere erhielten den Beinamen »Ziegelsteine«. Gleichzeitig nahm die Lebenslust der Gesellschaft ab und das alltägliche Leben wurde härter. Zwietracht machte sich in den Familien breit. Die Hauptursache für Konflikte und Streit war nichts anderes als der Mangel an Nahrungsmitteln. Es gab nicht wenige Menschen, die Kritik an der Gesellschaft übten, und entsprechend wurden immer mehr Menschen ins Gefängnis oder in sogenannte Umerziehungslager gebracht. Daraufhin wiesen Eltern ihre Kinder an, draußen nichts von dem weiterzusagen, was im Haus geschah oder gesprochen wurde. Jeder misstraute jedem, häufig auch im engsten Familienkreis.

In Nordkorea besteht ein Administrationsbezirk aus etwa zehn Haushalten. Jeder einzelne Mensch wird von der Polizei und der Staatssicherheit überwacht. Dieses Überwachungsnetz war notwendig, um das System Nordkoreas aufrechtzuerhalten. Wenn man innerhalb eines solchen Systems Kritik an der Politik oder Regierung äußert, muss man ins Gefängnis oder ins Umerziehungslager, und in schlimmeren Fällen sogar ins politische Gefängnislager. Ins Gefängnis kommen die Menschen, die die Arbeit verweigern, sich gesellschaftskritisch äußern, stehlen, betrügen, um Geld spielen und Ähnliches. Die Länge der Haft beträgt zwischen sechs Monaten und drei Jahren. Ins Umerziehungslager kommt man für etwas schlimmere Vergehen. Die Haftdauer liegt bei einem bis 15 Jahren. Das politische Gefängnislager ist ein Ort, den Menschen nur tot wieder verlassen. Dorthin kommen alle, die als Bedrohung für den Sozialismus eingestuft werden. Dazu zählen auch Christen oder generell Personen, die jemand anderen als die Kims anbeten. Die Angst vor diesem Ort ist der ständige Begleiter aller Menschen, denn in einem System von Willkür und Verrat konnte man sich nie sicher sein, was im nächsten Moment passieren würde. Deswegen hatten wir keine andere Wahl, als allezeit Zufriedenheit vorzuheucheln. Dabei konnte niemand wirklich zufrieden sein. Es gab keinen guten Grund, einen Sozialismus wie diesen anzunehmen, der nicht einmal für die grundlegendsten Lebensbedürfnisse der Bevölkerung sorgen kann. Die Herrscher behaupteten, eine Gesellschaft schaffen zu wollen, in der alle Menschen gleich sind. Die Realität jedoch ist eine Diktatur mit mehreren Millionen von Hungertoten in der Bevölkerung.

Aber der Schein soll mit aller Gewalt aufrechterhalten werden, und jeder einzelne Bürger wird zu einem ständigen Theaterspiel verpflichtet. Ich sah in meinem Umfeld, wie die Menschen nur widerwillig an den vorgeschriebenen Veranstaltungen teilnahmen. An vielen Schulen, in der Frauenunion, in Firmen und in der Parteileitung findet zum Beispiel wöchentlich eine Veranstaltung zu Kritik und Selbstkritik statt, die den Namen Saeng'hwalchong'hwa trägt. Hinzu kommt alle zehn Tage ein zusätzlicher Saeng'hwalchong'hwa. Dort gesteht man unter Verwendung der Worte der Kims, die wir zum großen Teil auswendig aufsagen können, seine eigenen Fehler und kann sich neu besinnen. Es gibt auch Zeiten, an denen man die Fehler der anderen aufzeigen muss. Wer sich Bestechungsgelder leisten konnte, reichte sie heimlich unter dem Tisch weiter, um so den Veranstaltungen fernbleiben zu können.

Der »Schwere Marsch« (1994–1997)

Von Kindheit an haben uns Lebensmittelrationen, die uns der Staat gab, als Lebensgrundlage gedient. Doch im Jahr 1994 wurde nach dem Tod Kim Il Sungs die Trauerzeit von hundert Tagen auf drei Jahre verlängert und die Partei verkündete den Beginn des sogenannten »Schweren Marsches«. Es soll zwar offiziell Rationen gegeben haben, doch in Wirklichkeit haben die Güter die Menschen nie erreicht, weshalb es in den folgenden Jahren mehr als drei Millionen Hungertote gab.

Die Verteilung der Lebensmittel richtete sich wie der Zugang zu Bildung und medizinischer Versorgung auch nach der Klassenzugehörigkeit. In Nordkorea gilt das System des Songbun. Die nordkoreanische Bevölkerung ist in drei Gruppen unterteilt: die Loyalen, die Schwankenden und die Feindlichen. In diesen drei Gruppen finden sich insgesamt 51 Unterkategorien. Kim Il Sung soll in einer Rede 1958 gesagt haben, dass der ersten Gruppe 25 Prozent der Bevölkerung angehören, der zweiten 55 Prozent und der dritten 20 Prozent. Diese drei Hauptkategorien werden oft wie folgt verglichen: Die loyale Klasse ist wie eine Tomate, sowohl innen als auch außen rot, also sozialistisch im Sinne der Chuch'e-Ideologie. Die schwankende Klasse muss noch politisch geschliffen werden, denn sie ist wie ein Apfel nur von außen rot. Die feindliche Klasse gleicht einer Traube, einer grünen selbstverständlich, und ist hoffnungslos verdorben. Ich selbst gehörte der Klasse der Schwankenden an. Den Status hatte ich wie alle anderen von meinen Eltern geerbt. Jeder Bürger wird mit seinem Songbun registriert. Es ist nahezu unmöglich, seinen Status zu verbessern. Bei Fehlverhalten kann man aber mit seiner ganzen Familie herabgestuft werden und ein schlechteres Songbun erhalten. Alle zwei Jahre wird die Akte eines jeden Bürgers aktualisiert.

Es waren die letzten beiden Gruppen, die Schwankenden und die Feindlichen, die während des »Schweren Marsches« wenige oder gar keine Lebensmittelrationen mehr erhielten. Das Ausmaß dieser Hungerkatastrophe ist nur schwer vorstellbar, denn selbst das Gras wurde knapp zum Essen. Dass die Partei den »Schweren Marsch« ohne Weiteres ausrufen konnte, liegt daran, dass sie die unangefochten höchste Stellung im Land hat. Die Partei bestimmt, wo es langgeht, und das Land hat zu folgen. Das Zentrum der Partei ist das Oberhauptsystem, mit anderen Worten die Kims. Demnach würde sich jemand, der sich gegen die Partei stellt, gleichzeitig auch gegen die Kims stellen und wäre damit zu lebenslanger Haft im politischen Gefängnislager verurteilt. Als die Lieferung der Rationen, auf die wir vollends angewiesen waren, ausblieb, verhungerten viele Menschen und insbesondere die Intellektuellen. Nur die Menschen, die wie ich Graswurzeln zum Essen rupften, Baumrinde abkratzten oder Lebensmittel stahlen, überstanden die Zeit und leben heute noch. Die übrigen sind allesamt in diesen Jahren verhungert. Es ging so weit, dass bei angenommen 40 Bewohnern eines Plattenbaus an einem Tag alle 40 von ihnen verhungerten. Man hörte hier und dort Menschen weinen.

Ich aß bescheiden meinen Brei und ging zur Schule. Der Großteil der Lehrer konnte wegen des Hungers nicht zur Schule kommen, und die, die dennoch gekommen waren, hatten meist nicht die Kraft dazu, eine Stunde lang vor der Klasse zu stehen. Sie überließen uns dem Selbststudium. Aber da die Lehrer selbst nach der Anwesenheit ihrer Schüler beurteilt wurden, schickte mich mein Lehrer oft von Haus zu Haus, um meine

Mitschüler zur Schule zu bringen. Wenn ich mit den Namensschildern der jeweiligen Schüler zu ihnen nach Hause kam, erwartete mich überall derselbe Anblick: Entweder lagen sie wegen Mangelernährung kraftlos zu Hause oder sie waren mit ihren Eltern zum Grasrupfen in die Berge gegangen.

Ich erinnere mich an einen meiner Mitschüler, den ich an einem Vormittag abholen sollte. Als ich vor seiner Tür stand, musste ich erfahren, dass er am Hunger gestorben war. Von den anderen Kindern, die ich an diesem Tag aufsuchte, befand sich keines in der Verfassung, mit mir in die Schule zu gehen. Es gab immer häufiger Zeiten, in denen auch ich nicht dazu in der Lage war.

Eines Tages ertönte die Versammlungsglocke, als wir in der Schule saßen. Es hieß, dass alle Schüler sich versammeln sollten, um zu einer Erschießung zu gehen. Wir waren noch klein und eigentlich überfordert damit, einen Menschen von einer Kugel getroffen sterben zu sehen. Aber öffentliche Hinrichtungen sind in Nordkorea an der Tagesordnung. Sie sollen zur Abschreckung dienen. Wir gingen zu dem Platz, wo bereits viele Menschen zusammengekommen waren, und sahen dort drei Pfähle stehen. In Endlosschleife wurde »Volksverräter« gerufen. Man sagte uns, einer der Täter hätte eine Kuh gestohlen und gegessen, und ein anderer hätte Elektrokabel gelöst und nach China verkauft. Es stellten sich drei Soldaten mit Gewehr vor die drei Menschen. Dann kam der Befehl »Schießt auf den Reaktionär XY!« Ein Befehl – eine Handbewegung – und das Leben eines Menschen war beendet. Ich war schockiert, als ich sie nacheinander wortlos in sich zusammensinken sah. Sie taten mir so leid. Hätten sie ihre »Verbrechen« nicht begangen, wären sie vermutlich an Hunger gestorben.

Nachdem wir zur Schule zurückgekehrt waren, sagte uns unser Lehrer, dass man als Mensch aufrichtig leben muss, selbst wenn man dabei verhungert. Ich habe nach diesem Tag noch mehrere Male öffentliche Erschießungen mitansehen müssen.

Autos und Busse konnten aus Treibstoffmangel oft nicht fahren, auch der Zug hielt unterwegs immer wieder, weil nicht genug Elektroenergie vorhanden war. Wenn man im gelegentlich verkehrenden Zug mitfahren wollte, musste man im Güterwaggon Platz finden. Auch bei Personenzügen musste man sich ins Fenster setzen oder oben auf den Güterwaggon legen. Weil es nur wenig Platz zwischen dem Waggon und der elektrischen Leitung gibt, kam es vor, dass Menschen, die sich in den Zwischenraum gelegt hatten und sich dann kurz aufsetzten, mit der Oberleitung in Berührung kamen und dabei starben.

Weil die Züge in Nordkorea immer voller Menschen sind, kann man nicht einmal im Traum an einen Sitzplatz denken. Diejenigen, die nicht mehr in den Zug passen, hängen sich deswegen mit bloßen Händen von außen an den Zug. So geraten sie manchmal bei der Einfahrt in einen Bahnhof zwischen den Zug und den Bahnsteig, sodass sie dabei ihre Beine verlieren. Auf diese Weise kommen viele Menschen um, ohne dass ihre Angehörigen davon erfahren. Dementsprechend gibt es viele Kinder, die sich auf die Suche nach ihren vermissten Eltern machen. Manche finden irgendwo ihre tote Mutter, die auf Nahrungssuche gegangen war, und führen dann ihr Leben als sogenannte »Kkotjebis« weiter. »Kkotjebi« heißt wörtlich übersetzt »Blütenschwalbe« und bezeichnet Kinder, die kein Zuhause mehr haben und auf der Straße leben. Der Name bezieht sich auf ihre ständige Suche nach Essen und Unterschlupf. Sie versorgen sich durch Betteln und Stehlen. Ich wollte nie einer von ihnen

werden. Meinen Vater hatte ich schon verloren, bei meinen Stief-
vätern fühlte ich mich nie sicher; meine Seele klammerte sich
an meine Mutter.

Wenn Menschen nicht ihre existenziellen Bedürfnisse stillen können, scheinen sie primitiver zu werden. Zum einen
verstärkt sich der Überlebensdrang, zum anderen auch neigt
der Mensch dann dazu, für das Essen allein zu leben. Heute
kann ich die Frage »Isst der Mensch, um zu leben, oder lebt er,
um zu essen?« mit der Aussage beantworten: »Er isst, um zu
leben.« Doch damals war die Antwort »Er lebt, um zu essen.«
Ich konnte mich nur meinen Instinkten überlassen, und ich
glaube, dass das unter diesen Umständen jedem Menschen so
ergehen würde.

Gras

Um überleben zu können, mussten wir unsere täglichen Mahlzeiten auf Gras umstellen.

Auch Reis und Mais waren immer seltener zu bekommen.
Manchmal hatten wir tagelang nichts zu essen. Ich erinnere
mich an meine erste Grasmalzeit.

»Wenn du leben willst, musst du essen – selbst wenn es nur
Gras ist! Chŏl, lass uns Gras sammeln gehen!«, sagte Mutter.
Doch in dem Moment, in dem ich mich aufrichtete, konnte ich
nichts mehr sehen. Ich hatte Kreislaufprobleme, nachdem ich
mal wieder einige Tage nichts gegessen hatte. »Mama, wenn ich
aufstehe, sehe ich plötzlich nichts mehr.«

Mutter ging alleine mit dem Rucksack auf dem Rücken
hinaus. Nach einigen Stunden kehrte sie mit allerlei essbaren

Gräsern zurück. Als die Lieferung der Lebensmittelrationen eingestellt wurde, stockten viele die Ernährung mit Gräsern auf, die sonst als Futter für die Schweine dienten. Ich hatte eigentlich gedacht, dass nur Tiere Gras fressen, aber offenbar war es schon so weit mit uns gekommen.

Als Mutter rief:»Steh auf, Chŏl, es gibt etwas zu essen!«, richtete ich mich erwartungsvoll auf. Mutter hatte das Gras erhitzt und mit etwas Salz bestreut. Seit einigen Tagen schon hatte mein Magen nichts mehr verdauen müssen. Ich kaute etwas auf den bitteren Gräsern herum. Sie blieben mir in der Kehle stecken. Schließlich spuckte ich sie wieder aus.

»Chŏl! Wenn du leben willst, musst du die Gräser essen! Wenn du nicht isst, wirst du sterben! Willst du etwa gemeinsam mit deiner Mutter sterben?« Meine Mutter war verzweifelt. Sie hatte nichts, was sie mir sonst hätte geben können. Wieder schob sie mir die Gräser in den Mund. Ich versuchte erneut, sie herunterzuschlucken, doch wieder blieben sie mir im Hals stecken. Ohne ein Wort legte ich mich wieder auf den Rücken. Mir stiegen Tränen in die Augen.

Am nächsten Morgen war mir wieder schwarz vor den Augen. Durch das Gift der Gräser waren meine Augen und Beine angeschwollen. Als ich mich später im Spiegel sah, war ich schockiert über den Anblick. So schwollen meine Beine zweimal an und wieder ab. In Nordkorea heißt es, dass der Tod nahe ist, wenn die Beine dreimal an- und abschwellen.

»Jetzt sterbe ich wohl auch«, dachte ich, als der Vater meiner Mutter zu uns nach Hause kam. Mein Großvater lebte in einem Studentenwohnheim. Dort erhielt man als Mahlzeit Essen in der Menge von zwei Esslöffeln, was zum Leben nicht ausreichte. Deshalb kam er oft zum Essen zu uns nach Hause, aber als er an jenem Tag sah, wie ich sterbend herumlag, gab er mir seine Essensmarke.

»Chŏl! Wenn du diese Marke in der Mensa abgibst, geben sie dir dort Essen. Du musst etwas essen und dann mit neuem

Mut weiterleben! Wenn man nur so herumliegt, stirbt man. Ich komme wieder, bis bald.«

Ich konnte eigentlich schon gar nicht mehr aufstehen. Es kam mir vor, als flöge ich, als ich mich auf den Weg zur Mensa machte. Die Kraft, die ein einziges Reiskorn in Hungerzeiten schenkt, ist unbeschreiblich. Mein Großvater hat mir mit dieser einen Essensmarke wohl das Leben gerettet. Aber einige Tage später hörte ich, dass er selbst verhungert war.

Der Gedanke, dass er meinetwegen gestorben war, war für mich kaum zu ertragen, und ich habe deswegen unglaublich viel geweint.

Im Jahr 1996 kamen die Schwager meines Stiefvaters bei der Arbeit in einem Bergwerk ums Leben. Mein Vater wollte daher mit den Familien seiner Schwestern zusammenziehen. Meine Mutter war einverstanden. Sie redete sich ein, dass es in schweren Zeiten keinen großen Unterschied machen würde, ob nun drei oder elf Leute gemeinsam aßen; sie dachte, es würde genügen, wenn man nur etwas mehr Wasser in die Suppenschüssel gäbe und ein paar Löffel mehr dazulegen würde.

Doch so einfach war es nicht. Als wir zu dritt lebten, hatte jeder bei einer Suppe mit 300 Gramm Nudeln noch etwas Festes zwischen den Zähnen gehabt, doch bei einer elfköpfigen Familie sah man so gut wie nichts mehr von den Nudeln. Ich trank das trübe Wasser und steckte dann meinen Kopf zur Küche herein, weil ich noch hungrig war. Aber selbst vom trüben Wasser war nichts mehr übrig, und so musste der Magen viele Male leer bleiben.

Meine Tante hatte ein Baby, das noch nicht einmal ein Jahr alt war, aber sie hatte keine Muttermilch, da sie selbst nichts gegessen hatte. Jedes Mal, wenn das Kind vor Hunger schrie, ließ sie es an ihre leere Brust, doch das Kind ließ sich nicht lange auf diese Weise täuschen und das Schreien hörte nicht mehr auf. Ich wollte helfen und ging auf den Markt. Schon früher hatte ich Kartoffeln, Rettiche und andere Dinge gestohlen, doch immer heimlich – es war das erste Mal, dass ich es vor Leuten tun würde. Als ich auf dem Markt herumschlich, war ich nervös und mein Herz schlug mir bis zum Hals. Dann schnappte ich mir blitzschnell ein paar Bonbons von einer alten Dame und rannte davon.

Die Dame lief mir hinterher und rief:»Du kleiner Bengel klaust mir die Bonbons, die ich nicht einmal meinen eigenen Enkeln geben konnte?«Wahrscheinlich hatte auch sie hungernde, weinende Kinder in der Familie.

Ich wandte mich wieder um und warf die Bonbons vor der alten Dame zu Boden. Doch ein Bonbon blieb in meiner Hand. Dieses steckte ich mir in den Mund und zerkaute es fieberhaft. Mir kam dabei das Weinen meines kleinen Cousins in den Sinn. Doch der Hunger hinderte mich daran, an jemand anderen zu denken als nur an mich. Als ich heimkam, weinte das Baby immer noch. Die Tage vergingen. Dem Kind schien die Kraft zum Schreien auszugehen und es wurde ruhiger. Schließlich starb es auf dem Rücken seiner Mutter.

Einige Tage später kamen Polizisten, um den Bruder meiner Mutter zu verhaften. Es hieß, er habe die Kupferleitung eines Oberleitungsbusses gestohlen. Er war angezeigt worden. Ob er den Diebstahl wirklich begangen hat, weiß ich nicht. Da er tatsächlich immer wieder nachts in andere Häuser eingebrochen war, konnte man wirklich nicht wissen, ob etwas an der Anschuldigung dran war. Doch wenn wir uns unser Brot nicht durchs Stehlen »verdient« hätten, wäre es nur eine Frage der Zeit gewesen, bis unsere elfköpfige Familie verhungert wäre. Wenn jemand von uns erfolgreich gestohlen hatte, waren wir für ein bis zwei Tage versorgt, doch danach kamen wieder Tage des Hungerns. Drei Tage nach seiner Verhaftung starb mein Onkel beim Polizeiverhör unter Schlägen.

In der Schule gab es Kinder, die manchmal ein Lunchpaket dabeihatten. Wenn sie sich während einer Zeit der Lebensmittelknappheit Lunchpakete leisten konnten, waren es Kinder wohlhabender Familien. Man sah Abstufungen in der Qualität des Essens. Kinder, die gekochten Reis mitbrachten, Kinder mit Maisbrei, Kinder mit Gebäck aus Kiefernrinde und schließlich auch welche, die Pfeilwurz mitbrachten und darauf herumkauten. Doch noch trauriger war die Realität der Kinder, die nichts zum Essen mitbringen konnten. Solche Kinder spielten draußen, saßen herum oder füllten sich die Bäuche mit Leitungswasser. Wer kennt den herrlichen Geschmack von Wasser, wenn man vom Hunger geplagt ist? Auch ich habe mir auf diese Weise viele Male den Magen gefüllt.

Eines der Gerichte, die wir in dieser Zeit am häufigsten aßen, bereiteten wir wie folgt zu: Wir kochten das Wermutskraut, das wir gesammelt hatten, und ließen es einen Tag ziehen, bestreuten es mit etwas Mehl und dämpften es anschließend. Wir machten auch Küchlein aus zerriebenen Maisschalen, buddelten Pfeilwurz aus der Erde und kauten darauf herum, und manchmal kratzten wir die Rinde von Kiefern ab, ließen sie im Wasser ziehen und aßen sie danach.

Das größte Problem an der Sache war das große Geschäft hinterher. Ich ging zwar auf die Toilette und presste mit aller

Kraft, aber es kam zu nichts außer kaltem Schweiß. Wenn ich dann »Mutter, hilf mir« rief, kam Mutter mit einem Spieß. Damit konnten wir die Angelegenheit ein Stück weit regeln.

Ein solches Szenario kann man sich sicherlich nur schwer vorstellen, doch ich habe bis zum heutigen Tag sehr lebendige Erinnerungen daran. Der Toilettengang ist so wichtig, und wenn das problemlos geht, kann man wirklich dankbar dafür sein.

In Hungerzeiten konnte ich meistens gar nicht mitzählen, wie viele Mahlzeiten ausblieben. Als eines Tages Mutter rief, dass sie etwas zum Essen mitgebracht hatte, ging ich zur Küche und bereitete das Feuer, während ich fragte, was es denn gäbe. Da zeigte Mutter mir einen Beutel mit Blättern einer Bohnenpflanze. Ich war enttäuscht. Man brauchte Getreide, um zu Kräften zu kommen, und das Grünzeug, das wir ständig aßen, füllte dagegen nur den leeren Magen. Es liefert keine Nährstoffe, aber weil es sich nur schlecht verdauen lässt, hilft es dabei, den Hunger für kurze Zeit zu vergessen. Schmollend arbeitete ich weiter am Feuer. Mutter kochte Wasser und erhitzte darin die Blätter. Dann sagte sie mir, ich solle es mit Salzwasser beträufeln und essen. Es rutschte mir zwar nur schwer die Kehle hinunter, aber weil ich so hungrig war, aß ich eine ganze Menge davon. Daraufhin verschwand zwar das Hungergefühl, aber das Toilettengeschäft wurde dadurch erschwert. Ich litt an Verstopfung, sodass ich die Toilette nur einmal in mehreren Tagen aufsuchen konnte. Mutter half auch weiterhin mit dem Spieß nach.

Eines Tages kam mein Lehrer zu uns nach Hause. Er hatte zuvor Mitschüler von mir geschickt, um mich zur Schule zu holen, doch Mutter hatte mich nicht gehen lassen. Und schließlich war er selbst gekommen, um mich zu holen.

»Herr Lehrer, Chŏl hat schon tagelang nichts zu essen gehabt und liegt nun deswegen im Bett. Als Eltern können wir ihn so nicht zur Schule schicken. Muss ein Mensch nicht auch zum Lernen etwas essen?«, wandte meine Mutter ein.

»Ich verstehe Ihre schwere Lage. Doch Chŏl muss lernen. Er hat Potenzial. Wir werden von Kindern, die Essen haben, ein wenig sammeln und Ihnen aushelfen. Schicken Sie ihn ab morgen wieder zur Schule«, erwiderte mein Lehrer.

Schließlich gab Mutter nach und sagte mir am nächsten Tag, als ich mich auf den Weg zur Schule machte:»Chŏl! Nur wenn du lernst, hast du eine Zukunft. Lerne fleißig.«

Als ich in die Schule kam, gab es Kinder, die sich über mein Wiederkommen freuten, und das war schön. Doch von dem, was mein Lehrer sagte, verstand ich nicht viel. Denn meine Augen sahen nicht klar und ich konnte mich auf nichts konzentrieren. Den anderen Kindern ging es ähnlich.

Unser Lehrer legte uns nahe, für die Kinder, die nicht zur Schule kommen konnten, Nahrungsmittel – jeder Art und auch in geringen Mengen – zu sammeln. In Hungerzeiten kam es auf jedes Korn an, wenn es darum ging, ein Leben zu retten. Wenn die Kinder ihre Eltern dafür um etwas Reis baten, bekamen sie nichts; daher brachten die Kinder manchmal heimlich eine Handvoll Reis mit zur Schule. Mein Lehrer gab mir 300 Gramm von dem Maismehl, das auf diese Weise gesammelt worden war. Es machte einen großen Unterschied, ob man etwas Getreidebrei am Morgen aß oder ohne Frühstück zur Schule ging.

Regelmäßig erhielt die Schule Meldungen vom Staat. Jeder Schüler sollte zum Beispiel zwei Kaninchenfelle und Fäkaldünger abgeben. In Nordkorea gab es viele Dinge, die man als Abgabe zur Schule bringen musste. Nägel, Glas, Feuerholz, Kalk und allerlei andere Sachen. Diejenigen, die es nicht hatten, sollten es auf dem Markt kaufen und abgeben. Da ich kein Geld hatte, ging ich mit Freunden über eine Stunde lang zu Fuß zur Kalkfabrik, stahl dort den geforderten Kalk und gab ihn in der Schule ab.

Ich wurde einmal gefragt, was es für Folgen gehabt hätte, wenn ein Schüler seine Abgabe nicht geleistet hätte. Mir ist darauf keine Antwort eingefallen, denn ich erinnere mich an keinen Fall, in dem das vorgekommen wäre. Es besaß zwar niemand etwas, aber Forderungen vom Staat mussten unter allen Umständen erfüllt werden. Wenn ich darüber nachdenke, muss ich sagen, dass ich sehr viele Dinge für die Abgabe in der Schule stahl. Auch Kompost gab ich in der Schule ab, nur um ihn am nächsten Tag wieder zu stehlen und erneut abzugeben. Ich wollte kein Dieb sein. Doch da wir gezwungen waren, Dinge abzugeben, die wir nicht besaßen, blieb uns keine andere Wahl.

Als ich von der Schule nach Hause kam, öffnete ich die Reisschüssel und fand darin wieder einmal nichts Essbares. Mit meinem Schulranzen auf dem Rücken stieg ich in einen Zug, der aufs Land fuhr. Denn in unserem Bergwerkdistrikt wuchs ja nichts. Ich fuhr etwa zwei Stunden und erreichte ein Bauerndorf, wo die Menschen gerade Zucchini umherkarrten.

»Wenn ich dem Weg folge, den die Menschen gegangen sind, werde ich bestimmt reichlich Zucchini finden«, dachte ich mir und ging in die Richtung, aus der die Menschen kamen. Auf dem Weg sah ich viele, die die winzigen, unreifen Zucchini vom Boden aufsammelten. Ich redete mir ein, dass es kein Diebstahl, sondern lediglich eine Nachlese sei, und füllte meinen Rucksack randvoll mit den Zucchini, die gerade einmal so groß waren wie mein kleiner Finger. Außerdem pflückte ich vom Wegrand einen Beutel voll unreifer Wildaprikosen und stieg wieder in den Zug.

Zu jener Zeit waren viele »9.27-Direktoren« unterwegs, um elternlose Kinder einzusammeln und wegzusperren. Kim Jong Il soll am 27. 9. über die Kkotjebis gesprochen haben, weshalb man die »Schutzeinrichtung« für Kkotjebis »9.27-Sanitätsstation«, kurz Neun-Zwei-Sieben, nannte und diejenigen, die die Kkotjebis einfangen sollten, »9.27-Direktoren«. Da es so viele Kinder gab, die auf der Suche nach Essen auf die Straße gelangt sind, hatte Kim Jong Il verkündet, dass man diese Kinder einfangen sollte und dass sie auf der Sanitätsstation Verpflegung und Unterkunft erhalten sollten, wenn sie keine Familie hatten. Auch ich wurde, als ich in den Zug stieg, von 9.27-Direktoren gefasst.

Im 9.27 gab es Kkotjebis, die täglich aufs Neue von dort flohen und dann gefasst und zurückgebracht wurden. Da der Staat auch diese Einrichtung nicht mit Lebensmitteln versorgte, hatten die Kkotjebis dort nichts zu essen und waren dem Hungertod nahe. 9.27 glich mehr einem Gefängnis mit unmenschlichen Haftbedingungen als einem Kinderheim. Es gab vereinzelt Frauen, die sich wie eine Mutter oder Großmutter erbarmten und von den Verkaufsständen am Bahnhof und allerlei anderen Orten Essen wegnahmen, um es den Kkotjebis zu geben. Wann immer sich eine Gelegenheit bot, versuchten die Kkotjebis zu flüchten und wurden dabei oft verprügelt. Jene, die entkamen, mussten stets vor den 9.27-Direktoren auf der Hut sein.

Letztlich kamen in Nordkorea all jene um, die etwas langsamer und einfältig waren, wohingegen die Gerissenen und Schnellen am Leben blieben. So kam es auch, dass in der nordkoreanischen Gesellschaft der Angreifer statt des Opfers geachtet und gepriesen wurde. Diejenigen, die – ganz egal mit welchen Mitteln – am Leben blieben, wurden als Helden betrachtet. Unter den 9.27-Direktoren war ein junger Mann, den ich kannte, und so kam ich gerade noch frei.

Zu Hause angekommen, klopfte ich an die Tür. »Wo warst du die ganze Zeit?«, rief Mutter mir zu, als ich hineinkam. »Weißt du nicht, wie sehr ich dich gesucht habe? Ich habe mir schreckliche Sorgen gemacht, ob du nicht vielleicht auf dem Weg bewusstlos geworden bist. Du weißt gar nicht, wie froh ich bin, dass du lebend heimgekommen bist!« Gerade war auch die Schwester meiner Mutter bei uns, weil sie sich mit ihrem Mann gestritten hatte. Als ich meinen Rucksack öffnete und die Zucchini herausholte, drückte mich meine Tante an sich und weinte. Wir kochten mit den Zucchini eine Suppe und aßen sie gemeinsam. Den ersten Teller hatten wir in wenigen Augenblicken geleert. Ab dem zweiten Teller vernahmen wir einen seltsamen Geruch. Man könnte denken, dass Zucchinisuppe süßlich und lecker schmeckt, doch bei den unreifen Zucchini war genau das Gegenteil der Fall. Nur jemand, der es probiert hat, wird es wissen. Doch wer einmal wirklich Hunger erlebt hat, weiß auch, wie unendlich gut es tut, wenn man überhaupt etwas zu essen hat.

Mein Lehrer hatte gesagt, dass man ein aufrichtiges Leben führen müsse, auch wenn man dabei verhungerte. Aber wenn man am Verhungern ist, oder – was wahrscheinlich noch schlimmer ist – die eigenen Kinder verhungern sieht, ist das schier unmöglich. Für mich war es jedenfalls nur eine Theorie, die ich nicht in die Tat umsetzen konnte, und so ging es auch allen anderen Menschen, die ich kannte.

Schläge

Da wir in unserem Bergwerkdistrikt für die Zinkgewinnung zuständig waren, erhielten wir wenigstens einmal im Monat eine Nahrungsmittelration für zwei Tage. An den restlichen Tagen mussten wir uns anderweitig versorgen. Leihen, stehlen, Gras essen.

Mutter und ich machten uns eines Tages auf den Weg zu ihrem Bruder in Hwang'haedo, um uns Nahrung zu beschaffen. Wir brauchten zehn Tage für den Weg, etwa 235 Kilometer. Von Danchŏn bis Sunchŏn nahmen wir den Zug, von Sunchŏn nahm uns ein Lastwagen mit, und den Rest gingen wir zu Fuß.

Mein Onkel, der in Pjöngjang gelebt hatte, war aufs Land gezogen und lebte nun in Hwang'haedo. In der Hauptstadt Pjöngjang sind die Lebensbedingungen eigentlich viel besser als im Rest des Landes. Das liegt wohl daran, dass sich das Land damit nach außen hin anders darzustellen versucht, als es eigentlich ist. Dort leben zu dürfen ist ein Vorrecht. Niemand kann einfach ungefragt nach Pjöngjang ziehen. Nur umgekehrt ist es möglich. Mein Onkel hatte durch einen Hausbrand alles verloren und war dadurch gezwungen gewesen, bei seiner Mutter außerhalb der Stadt unterzukommen. Nun waren wir auf dem Weg zu ihm.

Es war Herbst und es gab viel auf den Feldern zu tun. Hier war der Hunger nicht so groß, aber für mich als kleinen Jungen war die Arbeit sehr hart. Es war das erste Mal, dass ich auf dem Feld arbeitete. Unbeholfen benutzte ich die Sichel wie eine Axt, um den Mais zu ernten. Dabei verletzte ich mich auch oft an den Fingern.

Nach der Arbeit machte ich einmal Kongchŏngdae. Dazu legt man Bohnen vom Feld auf den Boden, zündet sie an und steckt sie sich in den Mund, sobald sie gar sind. Doch in einem Moment der Unachtsamkeit breitete sich das Feuer zur Seite aus. Es geschah alles unglaublich schnell und es gab nichts mehr, das ich hätte tun können. Vier Häuser in der Nähe fingen Feuer. Voller Angst rannte ich in die Berge. Ich stieg auf den Ya-Berg, von dem aus man das Dorf sehen konnte. Endlich einmal war mein Hunger gestillt gewesen, und schon wieder musste ich um mein Leben fürchten. Ich hatte diesen Familien großen, vielleicht existenziellen Schaden zugefügt. Die Häuser auf dem Land waren nicht aus Steinen, Zement oder massivem Holz. Sie bestanden vielmehr aus einem leichten Holzgerüst, das mit Ziegeln aus Stroh und Sand aufgefüllt wurde. Das Material brannte lichterloh. Mich würde eine harte Strafe, Schmach und vielleicht der Tod erwarten, wenn ich diesen Menschen wieder unter die Augen trat. »Das ist wohl mein Ende«, dachte ich und wollte mich von der Klippe stürzen. Doch das bereitete mir sogar noch größere Angst, sodass ich schließlich am Abend zurück ins Dorf ging.

Am Straßenrand wartete bereits mein Onkel mit einer Rute. Als ich mich näherte, schlug er auf mich ein und bereits nach den ersten Hieben wurde ich ohnmächtig. Als ich wieder zu mir kam, befand ich mich im Haus meines Onkels und die vom Brand Betroffenen waren ebenfalls mit Ruten in der Hand anwesend. Sie forderten lautstark eine Wiedergutmachung für den erlittenen Schaden. Mein Onkel nahm uns zur Seite und sagte zu uns: »Es ist besser, wenn ihr schnell wieder geht. Ich werde mich um den Rest kümmern.« So kehrten wir mit ein paar Maiskolben im Gepäck nach Hause zurück.

Mutter wollte nun aus dem Mais Brot backen und damit etwas Geld verdienen. Von den Broten bekam ich nicht ein Stück ab. Da ich bereits wieder viele Mahlzeiten nichts gegessen hatte, war ich hungrig, und es war unerträglich, das Brot vor Augen zu haben. »Mama, ich habe Hunger. Gib mir bitte etwas von dem Brot«, bat ich sie inständig, doch sie erwiderte: »Nein, ich muss das Brot verkaufen, damit wir von dem Gewinn Maismehl kaufen und Brei daraus machen können.« Sie gab mir nichts von dem Brot. Ich konnte zwar verstehen, was Mutter sagte, doch der Hunger war unerträglich und ich folgte ihr, als sie auf den Markt ging. Es muss meiner Mutter das Herz gebrochen haben, mich immer so hungernd zu sehen und mir nicht helfen zu können. Sie sah, dass ich ihr folgte, und rief weinend: »Ich sagte doch, du sollst zu Hause warten!«, während sie Steine nach mir warf.

Ich folgte ihr dennoch. Hunger ist schlimmer als Schläge und Steine. Schließlich holte sie ein Brot heraus, teilte es und gab mir eine Hälfte. Ich nahm das Stück Brot und ging mit ihr auf den Markt. Da saß ich und lutschte an meinem Brot, als sich plötzlich eine Gruppe von Kkotjebis wie ein Bienenschwarm auf das Tablett mit den Broten stürzte und sich damit davonmachte. Schneller, als wir gucken konnten, war es um die Brote geschehen. »Ihr kleinen Ratten, ich konnte nicht einmal meinem Sohn von dem Brot geben!«, schrie Mutter ihnen hinterher, doch es ließ sich nichts mehr ändern. Sogar das Tablett war zerbrochen, und so kehrten wir mit leeren Händen heim, wo mein gewalttätiger Stiefvater uns erwartete.

Vater rief: »Was soll das denn, du Nichtsnutz? Was hast du mit all den Broten gemacht, die du mit auf den Markt genommen hast? Habt ihr euch beide etwa draußen den Bauch vollgeschlagen und kommt jetzt so nach Hause?« Mutter erwiderte: »Die Kkotjebis haben alle Brote gestohlen.« Doch Vater wollte ihr nicht glauben und fing an, sie zu schlagen. Mutter, die fast täglich geschlagen wurde, musste auch an jenem Tag die Schläge über sich ergehen lassen. Denn wenn sie sich wehrte, wurde es nur noch schlimmer. Ich litt darunter, dass ich ihr nicht helfen konnte.

Jeden Tag schöpfte ich Trinkwasser an einer Wasserstelle, die zu Fuß eine halbe Stunde von uns zu Hause entfernt war. Ich war sechs oder sieben Jahre alt und schwer unterernährt, aber jeden Tag sagte Vater: »Chŏl, geh Wasser holen.« Einmal murmelte ich, während ich mit dem Wassergefäß hinausging: »Dabei hatte ich mal wieder nichts zu essen und bin am Verhungern.« Leider hatte Vater das gehört und rief: »He, du Ratte! Komm sofort hierher!«, und er nahm einen stacheligen Stock und begann, ungehemmt auf meinen Kopf einzuschlagen. »Was hast du gerade gesagt?« »Ich sagte zu mir selbst, dass ich nicht gegessen habe und am Verhungern bin«, antwortete ich und im selben Moment strömte Blut aus meinem Kopf. Die Stacheln vom Stock hatten sich in meinen Kopf gebohrt. Ich wischte das Blut mit den Händen aus dem Gesicht und weinte, aber das half mir auch nicht weiter.

Egal, wo man suchte, ließ sich keine Spur von Liebe und Leben finden. Die Gesellschaft war wie vereist und veränderte sich nicht. Den Satz »Ich liebe dich« hatte ich seit meiner Geburt kein einziges Mal gehört. Ich wusste nicht einmal, was Liebe überhaupt bedeutete. Auch innerhalb der Familie nahm man keine Rücksicht aufeinander, sondern lebte für sich selbst. Wenn man auch nur ein wenig in Kontakt mit einem anderen Menschen trat, brach Streit aus und diesem folgten Schläge und Zorn.

Ich wusste wohl, dass meine Mutter mich liebte, auch wenn ich es nicht hätte in Worte fassen können, weil ich tatsächlich das Wort Liebe nicht kannte. Auch Mutter hatte nie gelernt, Liebe in Worten auszudrücken. Das ist die traurige Realität vieler Menschen in diesem Land und in dieser Kultur. Selbst in Südkorea habe ich es ganz selten erlebt, dass jemand sagt: Ich liebe dich.

Vater trank Alkohol, selbst wenn wir keine Nahrungsmittel hatten. Und wenn er nicht genug zu trinken hatte, warf er Mutter und mich aus dem Haus. »Besorgt mir mehr zu trinken! Ohne Alkohol braucht ihr euch gar nicht erst blicken zu lassen!«, rief er uns hinterher, wenn wir loszogen. Mutter und ich haben wirklich viele Male den Mond gesehen. Denn oft waren wir bei Mondlicht unterwegs, um von anderen Familien Alkohol zu beschaffen. Mutter lieh sich manchmal eine Alkoholmaschine. Sie kaufte Mais, extrahierte den Alkohol und bewahrte ihn in einem Krug auf. Manchmal kam es aufgrund des vielen Alkohols zu sehr hässlichen Szenen bei uns zu Hause.

Der Starke unterdrückt die Schwachen, und mir taten die Frauen leid, die als schwächeres Glied der nordkoreanischen Gesellschaft lebten, wo die Faust über dem Gesetz herrschte. Mutter brachte Vater immer wieder den Alkohol und wurde dann geschlagen, und sie musste sich bei jeder Mahlzeit um das Essen sorgen. Mutter ließ ihren Frust über ihren Mann in der Küche aus, wo er sie weder sehen noch hören konnte, und dann nahm sie mich jedes Mal wieder in den Arm und entschuldigte sich: »Vergib deiner missratenen Mutter ...«

Mutter und ich, die jedes Mal Opfer von Vaters Wutanfällen wurden, waren in der Tat sehr armselige Gestalten. Im Winter nahm Mutter die Wäsche und ging zum Fluss. Dort brach sie das Eis mit einer Axt auf und tauchte weinend ihre Hände ins eiskalte Wasser, um die Wäsche zu waschen. War es vielleicht ihr Versuch, den angehäuften Stress durch Schmerzen loszuwerden? Ich konnte meine Mutter zwar nie ganz verstehen und auch ihr Leid nie vollständig nachvollziehen, doch ich konnte die Tränen ihres Herzens fühlen. Wir standen uns sehr nahe.

Ich glaube, dass es keine Hoffnung oder Liebe zwischen Mutter und Vater geben konnte, weil die grundlegendsten menschlichen Bedürfnisse nicht gestillt waren. Der Grund dafür, dass Mutter sich dennoch nicht scheiden lassen konnte, war wohl, dass sie irgendeine Form von Beschützer in dieser Gesellschaft brauchte. Und ich schätze, dass sie in einer grausamen Welt wie dieser die Hoffnung darin sah, nicht alleine, sondern »gemeinsam« zu leben. So lebten die beiden unter der sich ständig wiederholenden Gewalt bis zu ihrer Flucht aus Nordkorea. Eine erbärmliche Gesellschaft verwandelt Menschen in erbärmliche Wesen.

Im Jahr 1997 – inzwischen war ich elf Jahre alt – erhielt Nordkorea Mehl von der UN, Mais aus China und Reis aus den USA und dann auch aus Südkorea. Der Reis wurde mit Zügen transportiert und ich sammelte die Körner auf, die vereinzelt beim Umladen zu Boden fielen. Eigentlich durfte man selbst diese nicht aufheben. Wenn man von einem Polizisten dabei erwischt wurde, wurde man geschlagen und dann ohne Kleidung nach Hause geschickt.

Eines Tages hörten wir, dass Mais auf dem Yŏkjŏn-Bahnhof ankommen würde. Mutter beschloss, mit mir hinauszugehen. Ich sagte ihr zwar, dass ich allein gehen würde, doch Mutter bestand darauf, mich zu begleiten. Am Bahnhof sammelten wir die Maiskörner vom Boden auf, als ich plötzlich einen Aufseher kommen sah.»Komm schnell, Mama!«, rief ich Mutter zu,»die Aufseher kommen!« Doch meine Mutter schien die Getreidekörner, die sie vor sich sah, einfach nicht liegen lassen zu können. Sie sammelte weiter, bis sie schließlich von den Aufsehern gefasst wurde, die erbarmungslos auf sie einschlugen.

Ich war beim Sammeln schon oft erwischt, geschlagen und ausgezogen worden, aber es hatte mir nichts ausgemacht. Doch als ich sah, wie Mutter geschlagen wurde, überkam mich der Zorn. Hilflos stand ich da und musste zusehen, denn ich war zu schwach, um sie zu verteidigen. Schweigend gingen wir danach nach Hause. Meine Mutter tröstete mich später mit Worten der Anerkennung:»Ich wusste ja gar nicht, was du alles durchmachst, um den Mais zu sammeln. Wir werden auf jeden Fall irgendwann ein gutes Leben haben!« Das war unser Motto, unser Ziel, daran hielten wir uns fest: Wir würden irgendwann zusammen ein gutes Leben haben.

Einmal sagte Mutter, ich solle ihre Schwester für einige Tage besuchen gehen. Das hieß, ich sollte bei ihr essen gehen, denn wir hatten mal wieder seit Tagen gar nichts gegessen. Ich fuhr mit dem Zug zu meiner Tante und kam glücklicherweise genau zur Frühstückszeit an, sodass ich meine erste Portion Maisbrei seit Tagen bekam. Doch als wir fertig gegessen hatten, sagte mein Onkel:»Chŏl! Wir haben auch nichts zu essen. Also geh nach Hause.« Ich ging hinaus, um den nächsten Zug zu nehmen, aber mir fiel auf dem Weg ein, dass es in der Gegend viel Bergknoblauch gab, und ich beschloss, in den Bergen etwas davon zu sammeln. Ich war eine ganze Weile den Berg hinaufgestiegen, als ich merkte, dass mein Onkel mir folgte.»Wo gehst du hin? Warum gehst du nicht nach Hause? Der Zug fährt nur einmal am Tag, du kannst also nicht später gehen. Wo willst du essen und schlafen, wenn du erst morgen fährst? Geh jetzt!« »Onkel! Es gibt so viel Bergknoblauch in der Gegend. Da wollte ich mir nur ein bisschen für zu Hause mitnehmen.«

Da ergriff mein Onkel eine von den langen Bohnenstangen, die dort wuchsen, und begann, damit auf mich einzuschlagen. Ich fragte mich, ob ich diesmal wirklich etwas getan hatte, wofür ich diese Schläge verdiente. Doch mir blieb keine andere Wahl, als widerstandslos den Berg hinabzusteigen. Innerlich versicherte ich mir immer wieder: »Chŏl! Du kannst ein gutes Leben haben! Du wirst mit Sicherheit eines Tages so leben, wie du es dir jetzt erhoffst!« Ich glaube, ein gutes Leben bedeutete damals für mich nicht mehr als eine Schale Reis mit Fleischsuppe.

Zu Hause hatten wir keinen Reis mehr. Daher ging ich auch an jenem Tag mit Mutter die Zuggleise entlang zu den Bergen, um dort Wermutskraut zu pflücken. Dabei kamen wir in die Nähe von Großmutters Haus und gingen zu ihr hinein, um etwas Wasser zu trinken. Während wir tranken, sahen wir in der Küche einen Topf mit Maisbrei stehen. Da bat Mutter Großmutter: »Mama, gib uns doch eine Schale von dem Maisbrei. Chŏl und ich wollen uns eine Schale teilen, bevor wir weitergehen.« Doch Großmutter fuhr sie wütend an: »Trinkt das Wasser und geht!« Mutter bat sie ein weiteres Mal, doch letztlich bekamen wir nicht einen Löffel vom Essen und mussten uns wieder an den Abstieg nach Hause machen. Mutter sagte mir damals: »Wenn du Familie haben willst, muss es dir schon gut gehen. Wenn nicht, werden Verwandte und sogar deine Eltern zu Fremden.« Meine Mutter wurde mir nie zu einer Fremden. Sie würde bis zum Äußersten alles für mich ertragen. Wir hatten unsere gemeinsame Hoffnung, irgendwann ein gutes Leben führen zu können.

Blick in die Außenwelt

Eines Tages stieg ich am Vormittag mit Mutter in einen Bus. Drinnen waren Leute aus Pjöngjang, die gekommen waren, um Verwandte in der Provinz zu besuchen. Sie schenkten mir ein Päckchen UN-Kekse. Ich war verwirrt darüber, dass ich etwas umsonst bekommen hatte, und die Leute schienen mir aus einer anderen Welt zu sein. Doch worüber sie sprachen, verwunderte mich noch mehr. Sie wollten Verwandte in meinem Bezirk besuchen, und sie waren schockiert darüber, dass diese in einem Haus ohne Eingangstür, Fenster, Besteck und Ofen, ja ohne irgendetwas, in einem dreckigen Loch wohnten – wie alle ihre Nachbarn um sie herum ebenfalls.

Für mich war das ganz normal, doch diese Menschen aus Pjöngjang, denen dies scheinbar eine fremde Welt war, faszinierten mich. »Ist Pjöngjang wohl eine so wohlhabende Stadt oder vielleicht ein Land?«, fragte ich mich. Ich konnte nicht einmal davon träumen, irgendwann nach Pjöngjang zu ziehen. Man musste im Befreiungskampf gegen Japan mitgekämpft haben oder zum engen Gefolge der Kims gehören, um dort leben zu dürfen. Pjöngjang ist sauber, jung und schön. Selbst alte Menschen wurden in die Außenbezirke umgesiedelt, damit das Stadtbild perfekt bleibt. Behinderte Menschen soll man dort nicht sehen. Es gibt große, prunkvolle Plätze, Straßen, Monumente, Museen und Hotels – alle menschenleer. Touristen, von denen es kaum welche gibt, dürfen sich nur mit »Guides«, also unter Aufsicht bewegen und keinen Kontakt zur Bevölkerung haben. In mehrstöckigen Luxushotels bewegen sich auf den leeren Gängen eine Handvoll Gäste, ihre Aufpasser und das Hotelpersonal, das so tut, als sei das alles völlig normal. Nordkorea hat den weltweit niedrigsten Ausländeranteil, nämlich abgesehen von einer kleinen chinesischstämmigen Minderheit im Norden so gut wie gar keine. Die meisten Nordkoreaner haben in ihrem Leben noch nie einen Ausländer gesehen. Auch in Pjöngjang sind Gespräche zwischen Touristen und Einheimischen streng verboten.

Menschen, die nur Pjöngjang besucht haben, widersprechen manchmal meinen Darstellungen und sagen, dass Nordkorea wohlhabend sei. Doch man muss bedenken, dass das, was ihnen gezeigt wurde, noch lange nicht alles ist. Es ist naiv zu glauben, dass Pjöngjang Nordkorea sei. Und auch in der Hauptstadt muss man nur die Ohren spitzen, um das tiefe Seufzen des Volkes vernehmen zu können. Viele Einwohner Pjöngjangs scheinen zwar – wie diese Besucher unseres Bezirks – nicht zu wissen, wie das Leben im restlichen Nordkorea aussieht, aber sie spüren doch, dass sie alle als Schauspieler auf einer überdimensionalen Bühne missbraucht werden und sich nicht frei bewegen dürfen.

Vor den großen Feierlichkeiten, besonders den runden Geburtstagen der Kims oder der Partei, müssen Erwachsene und Kinder monatelang für Paraden und Aufführungen üben. Zu diesen Massenveranstaltungen ist dann sogar internationale Presse zugelassen, die unter strengen Auflagen die Vergötterung der Kims dokumentieren darf. Die bekannteste dieser Veranstaltungen ist das Arirang-Festival, das sogar einen Platz im Guinnessbuch der Rekorde hat. Dafür bekommen sogar

Südkoreaner Visa ausgestellt. Hier tanzen Zehntausende von Menschen die Geschichte Nordkoreas nach.

Nach der Begebenheit im Bus hörte ich manchmal Menschen über China und Südkorea sprechen, die glaubten, dass das Leben dort viel besser wäre. Wir hatten unser Leben abgeschottet von der Welt gelebt, und daher hatte ich immer der nordkoreanischen Propaganda geglaubt. Für mich war es schwer zu fassen, als ich hörte, dass in China nicht einmal die Hunde unser Essen fressen würden. Wir hatten Verwandte in China, zu denen wir keinen Kontakt haben durften. Über Umwege versprachen sie uns, Lebensmittel zu bringen, wenn wir bis nach Hyesan kämen. So bekamen wir im Jahr 1996 in Hyesan, Lyangkangdo, Kleidung und Lebensmittel. Chinesisches Mehl und andere Dinge gelangten in großer Menge zu uns. Es gab viele Sachen, die ich zum ersten Mal im Leben sah. Erst da erkannte ich, dass es den Menschen in China wohl tatsächlich besser ging als der nordkoreanischen Bevölkerung. Doch ich brauchte noch Zeit, um diese Realität anzunehmen, die sich gänzlich von allem unterschied, was ich mein Leben lang in Nordkorea gehört hatte.

Mehr als die Hälfte der Güter, die wir erhielten, wurde gestohlen oder von der Polizei beschlagnahmt, und es blieb nicht viel davon übrig. Daher schrieben wir erneut einen Brief nach China und baten unsere Verwandten um Hilfe. Nur kann man von Nordkorea aus nicht einfach Briefe ins Ausland schicken. Wir mussten dafür bis zu einem Bezirk gehen, der an China grenzte. Vater und ich gingen dazu einen über 40 Kilometer langen Gebirgspfad entlang. Da wir kein Geld hatten, aßen wir auf dem Weg nur zwei Portionen ungekochte Nudeln. Der Zug mit der Aufschrift »Pjöngjang – Hyesan« fuhr in den Bahnhof ein, aber wegen der Menschenmassen mussten Vater und ich auf den Zugwaggon klettern. Während der Fahrt saßen wir am Bindeglied zweier Zugwaggons und einmal wären unsere Beine fast dazwischengeraten und abgetrennt worden. Und als wir uns flach auf den Waggon legten, kamen wir bei der Fahrt auch fast mit den Stromleitungen in Berührung und hätten dann einen tödlichen Stromschlag bekommen. Es waren Erfahrungen, bei denen es mir heute noch eiskalt den Rücken herunterläuft, wenn ich daran denke.

Als wir endlich in Hyesan ankamen, erhielten wir lediglich die Nachricht, dass unsere chinesischen Verwandten erst nach einem Monat kommen würden. Auch in dem Gästehaus in Namyang, in dem wir unterkamen, gab es nichts zu essen, weshalb wir in die Berge gingen, um uns dort von Nüssen zu ernähren und die Zeit zu überstehen. Doch auch nach drei Monaten kamen unsere Verwandten nicht. Wir warteten insgesamt fünf Monate vergeblich auf sie.

Schließlich beschlossen Mutter und ich, die Flucht nach China zu wagen und dort zu leben. Vater sagte, er würde noch für seine jüngeren Geschwister sorgen und dann nachkommen.

II.
China

Im Paradies

Wir wollten Nordkorea aus zwei Gründen verlassen. Erstens, weil das Leben dort so schwer war, und zweitens, weil wir eine starke Abneigung gegenüber der Regierung empfanden. Ich, als Mensch niedriger Abstammung, machte mich auf die Suche nach einer besseren Welt, einem guten Leben für Mutter und mich.

Doch wenn man in Nordkorea allein schon seinen eigenen Wohnbezirk verlassen und in einen anderen gehen will, braucht man eine Reisebescheinigung. Die Leute erwarben diese auf dem Schwarzmarkt, wenn sie ihre Verwandten in anderen Bezirken besuchen wollten. Doch wenn jemand wie ich kein Geld hat, zieht er einfach ohne los. Wird man auf dem Weg gefasst, lassen sie einen gehen, wenn man ihnen ein paar Cent zusteckt. Doch wenn man nicht einmal diese paar Cent hat, muss man während der Rückführung abhauen. Daher war es in der Tat schwieriger, überhaupt bis zum Tumenfluss zu kommen, als ihn zu überqueren. Der Fluss, der vom Paektu-Berg ins

Gelbe Meer fließt, heißt Amnok, und der Fluss, der im Ostmeer mündet, wird Tumen genannt.

China – Tumenfluss – Nordkorea
Nordkorea schien im 20. Jahrhundert stehen geblieben zu sein, während China im 21. Jahrhundert war; sie stellten pure Gegensätze dar.

Im Februar 1998 – ich war elf Jahre alt – gingen Mutter und ich Hand in Hand am Ufer des gefrorenen Tumen entlang. Ich schätze, dass der Fluss in etwa 100 Meter breit war. Die Wachen standen in einem Abstand von etwa 50 Metern voneinander am Fluss gereiht. Mutter und ich machten aus, dass wir in Richtung China losrennen würden, sobald keine Wache mehr zu sehen war. Und als wir niemanden mehr sahen, rannten wir auf Leben und Tod, ohne uns noch einmal umzusehen. Während wir rannten, hatte ich unentwegt das Gefühl, dass wir im nächsten Moment niedergeschossen werden würden. Ich erinnere mich nur noch dunkel, wie ich es überhaupt geschafft habe, diesen Fluss zu überqueren. Sobald wir auf der anderen Seite angekommen waren, klopften wir an die Tür eines Hauses und schilderten unsere Lage. Eine Frau erklärte uns, wie wir nach Yŏngil kommen könnten. Mutter und ich stiegen in unserer nordkoreanischen Bekleidung in einen Bus. Andere Sachen besaßen wir nicht. Ich spürte die Blicke der Menschen und bemühte mich, tapfer zu wirken.

Das Problem ist, dass China seine Beziehungen zu Nordkorea nicht gefährden will und deswegen die nordkoreanischen Flüchtlinge nicht als politisch Verfolgte anerkennt. Weil die meisten tatsächlich vor dem Hungertod fliehen, werden sie als »Wirtschaftsflüchtlinge« bezeichnet und abgeschoben. Eigene chinesische Polizeieinheiten sind auf der Suche nach solchen Menschen. Jedes Jahr werden Tausende Nordkoreaner, denen die beschwerliche Flucht nach China gelungen ist, wieder abgeschoben und direkt der nordkoreanischen Staatssicherheit ausgeliefert. Seit Kim Jong Un an der Macht ist, soll die Überwachung der Grenze noch verschärft worden sein. Zehntausende Flüchtlinge aus Nordkorea leben in China in ständiger Angst, entdeckt zu werden, aber ihnen fehlen die Mittel, um in ein anderes Land zu fliehen. Denn diese Reise ist teuer und gefährlich.

So saßen wir also im Bus und waren unschwer als Flüchtlinge zu erkennen. Unsere Reise hätte jeden Augenblick zu Ende sein können. In Domun stiegen wir um und nahmen den Zug nach Yŏngil.

Der Anblick, der uns in Yŏngil erwartete, glich einer anderen Welt. Wenn in Nordkorea die Sonne untergeht, wird es finster im ganzen Land. Aber hier gab es bunte Lichter, die an hohen Gebäuden aufleuchteten. Alles an diesem Ort faszinierte mich.

Die Tante meines Vaters war Mitglied einer Kirchengemeinde in Yŏngil. Wir trafen meine Großtante und sie nahm uns bei sich zu Hause auf. Das etwa 165 Quadratmeter große Haus hatte Seitenwände aus Spiegeln, in denen sich die hellen Lichter der Lampen spiegelten. Es war ein prachtvoller Anblick. Im Kühlschrank – so etwas sah ich zum ersten Mal im Leben – waren ganz viele Eier. Damals dachte ich jedoch, dass der Kühlschrank nur zur Schau so voll war. Weil ich in Nordkorea nichts als Heuchelei gesehen hatte, traute ich dem nicht, was ich da vor mir sah.

Beim Anblick der Eier verlor ich meine Selbstbeherrschung. Als meine Großtante kurz hinausgegangen war, kochte ich mir heimlich drei von ihnen. Aber da kam sie auch schon zurück. Ich schnappte mir das Gefäß mit den kochenden Eiern und hastete zur Toilette. Ich rechnete nämlich mit dem Tod, wenn ich erwischt werden würde. Die Eier, die ich auf der Toilette aß, schmeckten fantastisch, und ich wurde nicht getötet.

Meine Großtante gab mir eine Banane zu essen. Meine erste. Als ich sie in den Mund nahm, fing meine Großtante an zu lachen und sagte: »Chŏl, Bananen isst man ohne Schale.« Ich erinnere mich an den bittersüßen Geschmack der Bananenschale. Als ich dann der Anweisung meiner Großtante folgte und die Banane ohne Schale aß, schmeckte sie sogar noch besser.

Ich sah auch zum ersten Mal einen Fernseher mit Fernbedienung. Es war so faszinierend, dass dieses Gerät kabellos funktionierte, und auch, dass es so viele verschiedene Kanäle gab. Denn in Nordkorea hatte ich nur Fernsehapparate gesehen, die über einen einzigen Kanal verfügten, der von früh bis spät die Propaganda der Regierung ausstrahlte. Andere Kanäle oder gar

Internet hatte es bei uns nicht gegeben. Schließlich zappte ich die ganze Nacht durch 60 Kanäle und drückte auf der Fernbedienung herum, bis sie kaputtging.

Auch im Badezimmer entdeckte ich ein Gerät, das ich noch nie zuvor gesehen hatte. Ich fragte Großtante danach und sie erklärte mir, dass es eine Waschmaschine sei, die alles wäscht, was man in sie hineintut. Das war wirklich etwas Besonderes! Daher steckte ich alle meine Klamotten einschließlich meiner Schuhe hinein. Als ich die Schuhe hinterher herausnahm, waren sie völlig zerknautscht.

Ich habe in allem, was ich tat, Fehler gemacht und war danach beschäftigt, diese wiedergutzumachen. Schließlich war mir alles völlig neu. Einerseits hatte ich Spaß daran, Schritt für Schritt Neues zu lernen, andererseits konnte ich nicht glauben, dass unter ein und demselben Himmel so verschiedene Welten existierten. In Nordkorea hatte ich wirklich hinter dem Mond gelebt. Es ist ein Ort, der weder Presse- noch Religionsfreiheit kennt und an dem es keine Möglichkeit gibt, die Welt aus einer anderen Perspektive zu betrachten oder einfach nur satt zu werden. China, das in der Welt auch nicht gerade für seine Wahrung der Menschenrechte bekannt ist, war für mich ein Kulturschock. Ich war im Paradies gelandet.

Die Freude hielt nicht lange an. Ich war satt und in guter Stimmung, aber ich begann, an meine Heimat zu denken. In China hatte ich keine Freunde und deshalb kamen mir viele Erinnerungen an die Zeit mit meinen Freunden in Nordkorea. Ich war schließlich noch sehr jung. Weil ich als nordkoreanischer Flüchtling illegal in China war, durfte ich mich draußen nicht frei bewegen und musste den ganzen Tag zu Hause verbringen.

Ich dachte, dass meine Heimat, wo ich aufgewachsen war und wo mir alles vertraut war, ein besserer Ort zum Leben war, wenn man nur Geld hatte. Auch meine Großtante meinte: »Kann man nicht ein anständiges Leben in Nordkorea führen, wenn man nur genug Geld hat? Wenn man hier leben will, braucht man einen Personalausweis. Wenn man ohne gefasst wird, wird man nämlich wieder nach Nordkorea geschickt und kommt dort ins Gefängnis.« Das wäre tatsächlich schlimmer gewesen, als einfach freiwillig wieder zurückzugehen. Auf Dauer würden wir uns nicht bei meiner Großtante verstecken können, und eine andere Möglichkeit sahen wir auch nicht. Der Hunger in Nordkorea hatte es mit sich gebracht, dass gerade unter den niederen Klassen allerlei »private Unternehmen« entstanden, was vom System eigentlich nicht vorgesehen war. Wenn wir ein gutes Startkapital hätten, könnten wir uns vielleicht etwas aufbauen.

Meine Großtante gab uns 200 Dollar auf die Hand und schickte uns fort. Sie sagte: »Die Kontrollen hier sind streng. Wenn ihr in Nordkorea Handel betreibt, werdet ihr dort ein besseres Leben haben können als hier.« Ich wandte ein, dass Vater vorhatte nachzukommen und dass wir bis dahin auf ihn warten sollten, aber meine Großtante erwiderte nur, dass sie ihn dann zurückschicken würde und wir erst einmal die Heimreise antreten sollten. Mutter und ich gingen so mit den 200 Dollar von Yŏngil zurück nach Domun. Meine Großtante begleitete uns bis Domun und betete dort für uns.

Während meiner ersten Flucht nach China und der Zeit bei meiner Großtante kam ich zum ersten Mal mit dem christlichen Glauben in Berührung. Ich hatte Gottesdienste und betende Menschen gesehen. Aber das war für mich damals nicht viel mehr als ein Teil der Flut von neuen Eindrücken und so vielen

Dingen, die ich noch nie gesehen hatte und teilweise nicht verstand. Das Christentum war ein neues Erlebnis neben Bananen, beleuchteten Straßenreklamen, Waschmaschinen und Fernbedienungen. Ich hatte Spaß daran, aber ich wusste noch lange nicht, dass der lebendige Gott mir ganz persönlich ein neues Leben geben und mich gebrauchen wollte.

Mutter und ich kamen bis zum Flussufer, aber da es bereits Anfang März war, war die Mitte des Flusses schon wieder aufgetaut. Ich dachte mir, dass es lebensgefährlich werden könnte, wenn man beim Überqueren des Flusses ins Wasser fiel. Die Strömung war stark und das Wasser war tief. Daher wandten wir uns um, doch wir konnten nirgendwo hingehen. Ich befürchtete, dass Großtante es uns übel nehmen könnte, wenn wir wieder zurückkämen. Deswegen gingen wir zu dem Haus, bei dem wir angeklopft hatten, als wir gerade nach China gekommen waren, und schilderten unsere Lage. Dort schmiedeten wir den Plan, in China zu arbeiten und etwas Geld zu verdienen, bis der Fluss im nächsten Jahr wieder zufrieren würde und wir zurückkehren könnten.

Um Arbeit zu finden, suchten wir die Hilfe der chosŏnstämmigen Einwohner Chinas. Das Chosŏn-Volk ist eine ethnisch koreanische Minderheit, die seit Ende des 19. Jahrhunderts in China ansässig ist und die chinesische Staatsbürgerschaft besitzt. Wir fragten bei vielen Restaurants an, aber überall wurde Mutter abgelehnt, weil sie aus Nordkorea stammte und dazu noch ein Kind hatte. Ein chosŏnstämmiger Mann sagte, dass Mutter meinetwegen nicht arbeiten könnte und dass ich mich von der Polizei fassen lassen sollte. Weil ich noch ein Kind war, würde man mich nicht einsperren, sondern in Nordkorea wieder freilassen. Das hieß aber auch gleichzeitig, dass Mutter zum Geldverdienen in China bleiben würde und wir uns erst nächstes Jahr wiedersehen würden. Wir hatten wohl keine andere Wahl. Mutter gab mir die 200 Dollar in die Hand. Ich wickelte die Scheine in Folie ein und musste sie wohl oder übel in meinem Körper verstecken. Denn wenn man nach Nordkorea zurückgeführt wird, wird die Kleidung gründlich durchsucht und alles Geld wird einem abgenommen.

Ich begab mich zum Tor an der Kyodu-Brücke. Dort sah ich eine Wache mit Gewehr stehen.

»Herr Wächter, ich bin aus Nordkorea. Ich sehne mich nach meiner Heimat und möchte wieder dorthin. Bitte helfen Sie mir.«

Er war jedoch Chinese und antwortete mir in seiner Sprache. Wir sprachen miteinander, ohne einander zu verstehen, und da er mit der Hand in Richtung Nordkorea zeigte, dachte ich, dass ich dorthin gehen solle. Später erfuhr ich, dass er damit »Das geht nicht« gemeint hatte. Ich kam am nächsten Morgen ins Gefängnis. Dass Kinder verschont würden, war leider eine Fehlinformation gewesen.

Im Gefängnis waren bereits junge Männer, die mich aber als Spion bezeichneten, als ich ihnen erzählte, dass ich mich freiwillig den Wachen gestellt hatte. Sie beschuldigten mich, einen Auftrag bekommen oder irgendwo Geld versteckt zu haben. Ich konnte nichts vor ihnen verbergen und schilderte ihnen meine Situation. Daraufhin sagten sie, dass wir uns in Nordkorea zusammentun sollten. Schon zu dieser Zeit schmiedeten sie Pläne, sich mein Geld unter den Nagel zu reißen. Mit sechs Männern und ungefähr zwölf Frauen wurde ich mit Handschellen in einem Lieferwagen durch das Tor an der Kyodu-Brücke nach Namyang gefahren. In Namyang angekommen löste man die chinesischen Handschellen und wir wurden der nordkoreanischen Staatssicherheit übergeben.

»He, ihr elenden Ratten! Löst eure Schnürsenkel!«

Ich gehorchte. Sie banden mit den Schnürsenkeln alle Gefangenen an den Händen zusammen. Das war eine Maßnahme gegen Fluchtversuche auf dem Weg von Namyang nach Onsŏng. Es war kalter Winter, und wir wurden in Onsŏng in einem kleinen Raum gefangen gehalten, Männer und Frauen zusammen. Der Platz reichte für zehn Menschen zum Sitzen, doch es wurden um die 30 Menschen in diesen Raum gesteckt. Wenn man von einem Toilettengang wiederkam, war der eigene Platz weg. Zur ersten Mahlzeit am Tag bekamen wir nichts, zur zweiten gab es zwei Löffel Brei aus Maisnudeln. Es schmeckte zwar wie dreckiges Wasser, aber es war ein vertrauter Geschmack von Heimat.

Am nächsten Tag rief man alle Männer heraus. Wir mussten uns ausziehen. Man wollte kontrollieren, wo wir unser Geld versteckt hatten. An allen verdächtigen Stellen schnitten sie die Kleider mit scharfen Rasierklingen auf und dann mussten wir 100-mal die Übung »Pomp« machen, bei der man sich hinsetzen und sofort wieder aufstehen muss. Sie erhofften sich dadurch, im After verstecktes Geld oder Wertgegenstände zu finden. In den Straflagern wird die Übung auch als Strafe verhängt, buchstäblich bis zum Umfallen. Diese Erfahrung stand mir noch bevor. Dann erst würde ich wissen, dass 100 Pomps eine Kleinigkeit sind.

Ich wurde glücklicherweise nicht mit meinem Geld erwischt, aber ein Aufseher nahm mir meine gute Hose weg, um sie seinem Sohn zu geben.

Als Nächstes wurden die Frauen herausgerufen. Auch sie mussten sich ausziehen und die Pomp-Übung machen.

»Ihr Huren! Sagt, im wievielten Monat seid ihr schwanger?« Um nicht geschlagen zu werden, musste man lügen, man sei schwanger.

»Also? Ihr Huren, der wievielte Monat?«

»... der dritte Monat.« »Na, also.«

Zurück im Gefangenenraum tauschten sie sich aus: »Welchen Monat hast du ihnen genannt?« »Ich hab gesagt, dass ich im dritten Monat bin.«

Es gab Frauen, die nach China verkauft worden waren und nun wirklich schwanger waren, aber auch solche, bei denen das nicht der Fall war. In China herrscht aufgrund der Ein-Kind-Politik ein Frauenmangel, weil jahrelang viele Mädchen abgetrieben worden sind. Deswegen blüht der Menschenhandel. Frauen aus Nordkorea, die in China Arbeit suchen, aber gleichzeitig keinerlei Rechte haben und ihren Arbeitgebern schutzlos ausgeliefert sind, geraten sehr schnell in Gefahr, als Ehefrauen oder Sexsklavinnen verkauft zu werden. Wenn sie versuchen, sich zu wehren, werden sie einfach bei der Polizei gemeldet und nach Nordkorea zurückgeschickt.

Dabei waren sie lediglich Menschen, die zum Essen und Überleben nach China gegangen waren. Jetzt wurden sie im Gefängnis wie Tiere behandelt. Schwangere Nordkoreanerinnen, die aus China abgeschoben wurden, wurden später in den nordkoreanischen Straflagern zur Abtreibung gezwungen oder man tötete die Kinder nach der Geburt.

Die jungen Männer und ich wurden zur 2.13-Sanitätsstation geschickt. Dort lebten Kkotjebis. Zuvor hatte ich die 9.27-Sanitätsstation erwähnt, die entstanden war, nachdem Kim Jong Il am 27. 9. bezüglich der Kkotjebis Anweisungen gegeben hatte. Daraufhin soll er nochmals am 13. Februar gesagt haben, dass man sich um die Kkotjebis kümmern werde, und so entstand auch die 2.13-Sanitätsstation. Uns wurden alle Klamotten weggenommen und nur mit Unterhose bekleidet wurden wir ins Gefängnis gesperrt.

»Ihr Ratten bekommt diese Klamotten und Schuhe erst wieder, wenn ihr nach Hause geht!«

Da es April war, war das Wetter kalt, und weil die scheibenlosen Fenster nur mit Eisengittern besetzt waren, kam der Wind ins Zimmer. Es gab keine Decken und der Boden war aus Zement. Ich wollte nur noch weg und drückte fest gegen die Tür, woraufhin sie erstaunlicherweise nachgab und sich einen Spalt öffnete. Weil die Tür kein Schloss hatte, hatte man lediglich ein Stück Eisen eingehängt. So konnten wir flüchten und kamen im Haus eines Mitgefangenen in Onsŏng unter.

Der junge Mann war auf der Suche nach seiner Mutter nach China gegangen, die wiederum zum Geldverdienen dorthin gegangen war und seitdem nicht mehr von sich hatte hören lassen. Sein Vater war als Einziger zu Hause zurückgeblieben. Dieser hatte wohl tagelang kein einziges Feuer gemacht, sodass das Haus, in dem ich eine Nacht verbrachte, eiskalt war. Am nächsten Tag tauschte ich mein Geld in die nordkoreanische Währung um und kaufte mir Essen und Gemüse. Die anderen Männer baten mich, das Geld mit ihnen zu teilen. Nein, sie baten mich, es ihnen auszuleihen, und versicherten mir, dass sie es auf jeden Fall zurückzahlen würden. Sie redeten auf mich ein, dass wir das Geld einer Mutter auf dem Dorf übergeben und wieder nach China gehen sollten. Doch weil meine Mutter mir gesagt hatte, dass ich das Geld gut aufbewahren sollte, konnte ich ihnen nichts davon geben. Dann sagten sie mir, dass die Kirche in China Flüchtlinge aus Nordkorea aufnahm, verpflegte und ihnen Möglichkeiten zur Bildung gab.

Das waren unglaubliche Neuigkeiten für mich und ich begann, meine Entscheidung zu überdenken. Man hatte mir doch die ganze Zeit über gesagt, dass man in China ohne Personalausweis nicht leben könne. Die jungen Männer erzählten davon, wie sie Geld von den Südkoreanern bekommen und sich damit gutes Essen und allerlei Vergnügen geleistet hätten. Mein Geld sei in China ohnehin nichts wert. Denn in China bräuchte man die Leute nur um Geld zu bitten und man würde es von so vielen bekommen, dass man auf diese Weise an viel mehr Geld herankommen könnte. Ich ließ mich überzeugen – schließlich war es für mich eine völlig fremde Welt, in der ich mich schon über so manches gewundert hatte. Und ich spann diesen Gedanken weiter: »Wenn ich mit diesen Leuten nach China gehe, kann ich dort in einer Kirche etwas lernen und dort bleiben, bis ich im Winter mit Mutter zurück nach Nordkorea kommen kann.« Mein Geld gab ich den jungen Männern nicht, aber ich stimmte ihrem Plan zu, dass wir gemeinsam nach China gehen sollten.

Ich folgte jedoch ihrem Rat, das Geld tief in der Erde zu verstecken, bevor ich nach China ging. Wir teilten uns in zwei Dreiergruppen auf und gingen zum Fluss, um ihn unterhalb der Domun-Brücke zu durchqueren. Einer der Männer erzählte, dass er an Gott glaube und wir beten sollten und dass alles gut gehen werde, weil Gott uns beschützen würde. Er war der Einzige, der wusste, wo ich mein Geld vergraben hatte. Ich vertraute ihm. Wir wichen dem Blickfeld der Wachen aus und stiegen in den Fluss. In diesem Moment wurde einer von uns von einer Wache gefasst. Der andere sprang sofort ins Wasser und auch ich hielt die Luft unter Wasser an. Den Mann, der sich willkürlich ins Wasser gestürzt hatte, sah ich danach nie wieder. Ich denke, dass er umgekommen ist.

Wahrscheinlich waren alle diese »Männer« selber noch Kinder. Mir kamen sie wie Erwachsene vor. Ich war gerade erst elf Jahre alt und durfte schon kein Kind mehr sein.

Ich kam aus dem Wasser, nachdem die Wachen mit ihrem Gefangenen abgezogen waren, aber ich traute mich nicht, zurück ins Wasser zu gehen, weil ich nicht gut schwimmen konnte. Schließlich blieb mir nichts anderes übrig, als mit meinen nassen Klamotten in die Berge zu gehen und dort die Tage zu zählen. Ich ging auch zu der Stelle zurück, an der ich das Geld versteckt hatte, doch es war nicht mehr da. Wieder hatte ich alles verloren, hungerte und fror und war allein mit dem schrecklichen Gefühl, niemanden auf der Welt zu haben. Niemanden, dem ich vertrauen konnte. Der Fluss war zu tief. Ich konnte nicht nach China gelangen, und in meiner Heimat erwartete mich ein einsames, trostloses Leben. Wo war meine Mutter?

Irgendwie musste ich nach Hause zurückkommen. Ich stieg in einen Zug, der von Namyang nach Chŏngjin und von dort nach Danchŏn fuhr. Vier Tage lang hatte ich nichts zu essen. Wenn andere Leute etwas vor meinen Augen aßen, wurde ich vor Begehren schier wahnsinnig und hätte das Essen am liebsten wie einen wertvollen Goldklumpen an mich gerissen. Doch ich war nicht in der Lage, meine Gedanken in die Tat umzusetzen. So kam ich schließlich in meinem Heimatdorf an und schleppte mich mit letzter Kraft nach Hause. Die Tür stand offen. Ich erwartete, meinen Vater dort anzutreffen. Ich war mir nicht sicher, wie er reagieren würde. Viel Wärme hatte ich nicht zu erwarten, aber wenigstens einen vertrauten Anblick und einen Ort, an den ich gehörte. Als ich eintrat, stand jedoch eine fremde Person vor mir. »Das hier ist aber unser Haus…«, stammelte ich, aber mein Gegenüber erwiderte: »Ich habe dieses Haus vor einem Monat erworben und wohne nun hier.«

Daher ging ich zu Großmutter. Ich erzählte ihr alles, was sich zugetragen hatte, und dass Mutter nächstes Jahr zurückkommen werde, nachdem sie Geld verdient hatte. Meine Tante bot mir an, bis zur Rückkehr meiner Mutter bei ihr zu wohnen. Während dieser Zeit musste ich ständig auf der Hut sein, den Erwachsenen in meinem Sein und Tun nicht zu missfallen – ich musste alles tun, was sie mir sagten. Dennoch musste ich aufgrund häufiger Auseinandersetzungen zwischen Großmutter und dem Mann meiner Tante schließlich zu einem anderen Onkel ziehen. Niemand wollte mich haben. Langsam verwelkte in mir die Hoffnung auf ein gutes Leben. Aber die Sehnsucht nach meiner Mutter brannte in mir und ließ mich weiter hoffen. Gemeinsam würden wir es schaffen.

Auf dem Weg zum Haus meines Onkels gab es viel zu essen. Ich ging in ein Maisfeld und aß fieberhaft die rohen Maiskolben, die nur nach Wasser schmeckten. Mein Onkel hatte kein Haus; er hatte sich aus Steinen ein einfaches Obdach gebaut und lebte darin. Es war eine einzigartige Konstruktion, wie ich sie noch nie gesehen hatte. Außerdem ist es einer der Orte, die ich unbedingt besuchen möchte, wenn Korea frei und wiedervereinigt ist.

Der Raum war sehr eng. Dort lebten mein Onkel, seine Frau, seine zwei Kinder und ich zu fünft.

Wir bestellten neues Land und so gab es viel zu tun. Das Land gehörte zwar dem Staat, weshalb es keine legale Nutzfläche war, aber die Leute bauten dennoch Getreide an und verzehrten den Ertrag. Ich stand frühmorgens auf, besorgte Futter für die Ziegen und Schweine und frühstückte selbst. Dann führte ich die Ziegen auf das Feld, und während ich sie grasen ließ, rupfte ich Unkraut aus dem Ackerboden. Abends kam ich mit den Ziegen heim und machte mich dann wieder auf den Weg, um in den Bergen Grünfutter für die Schweine und Hasen zu besorgen. Wenn ich die ganze Arbeit für einen Tag geschafft hatte, war ich körperlich völlig am Ende. Dann saß ich an die Wand gelehnt bei meinem Onkel zu Hause und murmelte noch vor mich hin, dass ich vor dem Schlafengehen auf jeden Fall noch etwas essen würde, doch dazu kam es nie, weil mich der Schlaf vorher überwältigte. Und wenn ich erwachte, war der frühe Morgen bereits angebrochen. Dann ging die Arbeit wieder los und ich ging Grünfutter für die Ziegen besorgen. Wenn ich vor Erschöpfung nicht in der Lage war, richtig zu arbeiten, wurde ich von meiner Tante beschimpft. Einzig und allein die Hoffnung, dass das Wiedersehen mit Mutter nicht mehr fern war, trieb mich an, wenn mir das harte Leben zu schaffen machte.

Ziegen müssen viel Gras fressen, damit sie gut Milch geben. Die Ziegenbäuche mussten immer voll sein, sonst erwartete mich viel Ärger mit meiner Tante. Einmal regnete es in Strömen. Ich nahm die drei Ziegen mit in die Berge. An jenem Tag rutschte eine beim Fressen aus und fiel den Hang herunter. Dabei brach sie sich die Beine. Ich nahm die Ziege in den Arm und brach in Tränen aus. Ich hatte Mitleid mit dem Tier, aber mehr noch war es die Angst vor meiner Tante, die mich zum Weinen brachte. Als ich nach Hause kam, beschimpfte sie mich mit den Worten: »Warum brichst du der Ziege die Beine und bist selbst wohlauf?« Es klang beinahe so, als wünschte sie mir mein Unglück. Ein harter Tag folgte dem anderen und sehnlich wartete ich auf den Moment, an dem ich Mutter wieder treffen würde. Ich war inzwischen zwölf Jahre alt.

Auf der Suche nach Mutter

Ein Jahr lang verrichtete ich also allerlei Arbeit und hielt in der Hoffnung auf das Wiedersehen mit Mutter durch. Endlich kam der lang erwartete Winter. Es war waghalsig, wieder nach China zu gehen, aber ich hatte nur darauf gewartet, dass der Fluss wieder zugefroren sein würde. Ich konnte nicht noch länger auf Mutter warten. Also machte ich mich auf den Weg. Ich würde sie finden. Um von Danchŏn nach Namyang zu gelangen, musste man drei Kontrollpunkte passieren. Ich hatte weder einen Personalausweis noch eine Zugfahrkarte noch eine Reisebescheinigung und musste auf alles gefasst sein. Ständiges Lügen und Abhauen waren Teil dieser Reise. Von Danchŏn brauchte ich sechs Tage bis an die chinesische Grenze.

Dass ich es so weit geschafft hatte, grenzte schon an ein Wunder, nun blieb noch der Fluss als letzte Hürde. Wenn man genug Geld hat, kann man es einem Wächter zustecken und ohne Weiteres hinübergelangen. Aber ich hatte überhaupt kein Geld. Auf dem Markt traf ich einen Kkotjebi. Da er meinte, schon sechs Mal in China gewesen zu sein, bat ich ihn um Hilfe.

»Klar, China kenne ich so gut wie meine Westentasche. Aber die Klamotten und Schuhe, die du da trägst, musst du in China eh alle wegwerfen. Lass uns die verkaufen und uns davon was zu essen holen«, wies mich der Kkotjebi an.

Ich folgte seinem Rat, zog meine Kleider und Schuhe aus, verkaufte sie, und wir gönnten uns eine gute Mahlzeit.

Der Kkotjebi wusste von einem Zug, der von Nordkorea nach China fuhr. Wir versuchten, uns bei den Rädern zu verstecken, aber dort waren wir nicht gut genug vor Blicken geschützt. Daher änderten wir unseren Plan und versuchten, uns auf dem Zug zu verstecken. Da die einzelnen Güterwaggons miteinander verbunden waren, dachten wir, dass nicht jede einzelne Fracht genau kontrolliert werden würde. Doch es kam ein Kontrolleur, der von Fracht zu Fracht ging, um diese zu untersuchen.

Schließlich wurden wir geschnappt. Die Wachen schleppten uns in ihr Waffenlager und alle Wachen, die dort ein- und ausgingen, verpassten uns einen Schlag mit ihren Gewehrkolben. Dann stellten sie uns vor die Wand. Wir mussten unsere Hände hinter dem Rücken zusammenfalten und uns dann mit dem Kopf gegen die Wand fallen lassen. Es war nichts zwischen uns und der Wand, das uns hätte auffangen können. Jedes Mal, wenn unsere Köpfe gegen die Wand prallten, blutete es mehr.

»Wir treiben euch die bösen Gedanken aus!«, riefen die Wachen höhnisch, und wir mussten weitermachen. Nach dieser Folter kam die nächste.

Irgendwann kam ein ranghoher Offizier vorbei, der unser Geschrei bei den Schlägen hörte. »Was ist hier los?«, fragte er.

Die Wachen antworteten: »Wir haben zwei illegale Grenzgänger gefasst, die auf Frachtwaggons nach China wollten.« Der Offizier erwiderte: »Heute ist doch der Feiertag des Generals. Gebt ihnen zu essen und lasst sie gehen.« Daraufhin bekamen der Kkotjebi und ich Nudeln mit drei Stückchen Schweinefleisch und dann wurden wir freigelassen. Es schmeckte herrlich! Aber danach hatten wir wieder keinen Ort, an den wir gehen konnten. Wir versteckten uns in einem Gasthaus, knieten vor einem Feuerofen nieder und schliefen dort ein. Frühmorgens öffnete sich die Tür und mit den Worten »Ihr kleinen Mistviecher schlaft hier?! Jetzt wartet's ab!« trat ein Aufseher in den Raum. Er drückte uns beiden einen Besen in die Hand und ließ uns am frühen Morgen den Schnee wegräumen.

Es fiel weiterhin Schnee und mir war kalt, weil ich meine Kleider verkauft hatte, und mit dem Besen, der an meine Hand festzufrieren schien, fegte ich den Vorhof. Ich sah noch armseliger aus als der Kkotjebi. Dieser sagte, er würde etwas vom Markt zu essen holen, und verließ mich. Da stand ich nun allein und wartete darauf, dass der Kkotjebi mit Essen zurückkam – vergeblich. »Wenn ich nur noch ein bisschen warte, kommt er bestimmt noch«, dachte ich, aber mein Körper fror vollends ein und ich musste irgendwann einsehen, dass ich wieder einmal hinters Licht geführt worden war. Ich war inzwischen schon unzählige Male von Kkotjebis hintergangen worden und dennoch wollte ich ihnen jedes Mal aufs Neue Vertrauen schenken. Manchmal hatte ich das Gefühl, schon fast einer von ihnen geworden zu sein. Aber nein, ich war kein Kkotjebi, ich hatte noch meine Mutter. Nur wo?

Als der Tag sich neigte und die Dunkelheit anbrach, lenkte ich meine Schritte zu jenem Ort, an dem ich zuvor mit Mutter den Fluss überquert hatte. Doch plötzlich leuchtete von irgendwoher ein Licht auf und eine Wache tauchte wie aus dem Nichts auf.

»He, wo gehst du hin?«, fragte er mich. Mir rutschte das Herz in die Hose und ich wusste nicht, was ich antworten sollte. Doch ich erinnerte mich, tagsüber Leute gesehen zu haben, die über diesen Weg zum Holzmachen gingen, und versuchte mich herauszureden:»Meine Eltern sind Holzmachen gegangen, aber sie sind noch nicht heimgekehrt. Daher wollte ich ihnen entgegengehen.«

»Wo wohnst du?«

Ich nannte ihm eine Adresse, die ich kannte, und er ließ mich gehen. Erleichtert atmete ich auf und setzte meinen Weg fort. Nach einer halben Stunde war ich am Flussufer angelangt, und von da an rannte ich vorwärts, ohne mich noch einmal umzublicken. Da ich Schuhe und Kleider verkauft hatte, rannte ich in Pantoffeln. Im Februar schwankt die nächtliche Temperatur um minus 30 Grad. Diese Kälte lässt sich nicht mit Worten beschreiben. Als ich den Fluss überquert hatte, waren die Pantoffeln wie vom Erdboden verschluckt. Barfuß lief ich eine Stunde lang bis Domun. Ich spürte meine Füße wegen der Frostbeulen nicht mehr, aber bei dem Gedanken, Mutter bald wiederzusehen, war ich einfach nur froh. Ich kam in Domun bei dem Haus eines Bekannten an und hoffte, dort Mutter zu finden. Vor einem Jahr hatten wir ausgemacht, dass wir uns an diesem Ort wieder treffen würden. Daher war ich voller Erwartung, dass sie dort auf mich warten würde. Doch ich sollte enttäuscht werden.

Mutter war nicht da und der Mann im Haus sagte mir:»Deine Mutter hatte sich vom Restaurant aus wieder melden wollen, aber bisher habe ich noch nichts von ihr gehört. Sie wird sich bestimmt bald melden. Bis dahin geh zu deinen Verwandten in Yŏngil und warte dort.«

Ich schenkte den Worten des chosŏnstämmigen Mannes Glauben. Bald würde ich Mutter wiedersehen. Das linderte den Schmerz. Ich ließ meine gefrorenen Füße wieder auftauen, stieg in den Zug und machte mich auf den Weg nach Yŏngil. Sobald Mutter und ich wieder vereint wären, könnten wir zusammen zurück nach Nordkorea gehen. Doch meine Verwandten waren in der Zwischenzeit umgezogen und meinen chosŏnstämmigen Bekannten konnte ich auch nicht mehr erreichen, sodass ich keine Möglichkeit hatte, etwas über meine Mutter zu erfahren oder sie gar zu finden. Mit ein paar Sätzen Chinesisch, die ich einmal auswendig gelernt hatte, fragte ich mich durch und hielt überall Ausschau nach einem Menschen, der Mutter ähnlich sah – eine vergebliche Bemühung. Wenn ich damals gewusst hätte, wie viel 1,6 Milliarden Einwohner sind, hätte ich mir diese Mühe gar nicht erst gemacht.

Ich war verzweifelt und allein. Meine einzige große Sehnsucht war, endlich meine Mutter zu sehen. Ich malte mir aus, wie sie mich umarmen und nie wieder loslassen würde. Mit jedem Tag wurde meine Sehnsucht größer und meine Hoffnung geringer

In dieser Zeit begann ich, mich an Gott zu erinnern. Ich hatte doch irgendwo gehört, dass Herzenswünsche in Erfüllung gehen, wenn man betet. So griff ich nach diesem letzten Strohhalm und betete, während ich zum Mond und zu den Sternen des nächtlichen Himmels aufsah.

»Gott, Mutter ist irgendwo auf dieser Welt und ich weiß nicht, wo. Lass mich Mutter wiedersehen.«

Ich fand Unterschlupf in einer Dorfkirche, die ein anderer Verwandter von mir leitete, und betete dort Tag und Nacht.

»Bittet in meinem Namen, und ihr werdet empfangen, dann wird eure Freude vollkommen sein.« Ich hielt mich an diesen Bibelvers aus Johannes 16,24. Jeden Tag betete ich so und hoffte von ganzem Herzen auf ein Wiedersehen mit Mutter.

Es verging ein weiteres Jahr, in dem wir beide Schlimmes durchmachten und manchmal nur die Hoffnung auf ein Wiedersehen uns am Leben hielt. Ich hatte in dem Glauben gelebt, dass Mutter nach unserer Trennung im Restaurant Arbeit gefunden hätte, doch in Wirklichkeit hatte unser chosŏnstämmiger Bekannter sie an ein chinesisches Dorf verkauft. Sie musste dort unter so harten Bedingungen leben, dass sie bei erster Gelegenheit in das nächste Dorf flüchtete. Dort wurde sie aber wieder verkauft. Als sie erneut versuchte zu flüchten, sperrte man sie in einen mehrfach abgeriegelten Raum und hielt sie dort gefangen.

Schließlich hatte sie sich selbst bei der Polizei aufgegeben und war nach Nordkorea zurückgeschickt worden. In Nordkorea angekommen, war sie nach Hause gegangen und hatte erfahren, dass ich mich wieder nach China aufgemacht hatte. Es muss schlimm für sie gewesen sein, aber meinetwegen machte sie sich auf den Weg zurück nach China.

Ich kann nur schwer beschreiben, wie es war, als wir uns nach dieser langen, qualvollen Zeit endlich wieder trafen. Es war in Yŏngil, und Vater war auch da. Mein größter Wunsch war in Erfüllung gegangen. Mutter sagte zu mir: »Jetzt, wo ich dich gesehen habe, bin ich wunschlos glücklich.« So ging es mir auch. Tränen rollten über ihre Wangen. »Weil ich dich wiedersehen musste, lebe ich heute überhaupt noch. Nur deswegen konnte ich durchhalten.«

»Weine nicht, Mutter. Wir haben uns doch jetzt wieder. Wir werden uns nie wieder trennen. Mutter, ich werde dich beschützen!« – Aber ein bisschen Wehmut war auch dabei, denn ich wollte eigentlich von ihr beschützt werden. Ich wollte mich in ihren Armen vor der ganzen Welt verstecken. Jetzt stand sie vor mir. Sie war so klein und zerbrechlich. Ich hatte sie viel größer in Erinnerung gehabt. Durch die ständige Unterernährung war ich selbst nicht besonders groß, aber ich war auch nicht mehr das Kind, das ich gewesen war, als wir uns zuletzt gesehen hatten. Ich war mittlerweile 14 Jahre alt.

»Du bist jetzt schon so erwachsen«, sagte Mutter stolz. So saßen Vater, Mutter und ich zusammen am Esstisch, aßen gemeinsam und unterhielten uns fröhlich. Da es das erste Wiedersehen seit Jahren war, gab es viel zum Hören und Erzählen. Mal weinten wir, mal lachten wir und erzählten von unserer schweren Zeit. Ich erzählte auch vom Evangelium, so gut ich es damals konnte. Vieles war mir selber noch nicht ganz klar, aber ich wusste, dass ich mehr über Jesus erfahren und ihm nachfolgen wollte. Meine Mutter hörte aufmerksam zu und nahm das Evangelium an.

Mein Gebet war in Erfüllung gegangen. So lange hatte ich gebetet: »Gott, lass mich bitte Mutter wiedersehen. Bitte mach, dass Vater, Mutter und ich zu dritt wieder zusammen sein können. Wenn du mein Gebet erhörst, werde ich glauben, dass es dich gibt.«

Doch trotz der unbeschreiblichen Freude kamen in mir, kleingläubig wie ich war, Glaube und Zweifel gemeinsam auf. Ich war mir nicht sicher, dass all dies wirklich durch Gottes Hilfe geschehen war, und wollte das Wiedersehen auf einen glücklichen Zufall zurückführen. Dasselbe Gebet hatte ich unentwegt gesprochen, und nun war mir diese erstaunliche Realität unbegreiflich.

Was ich nicht geahnt hatte, war, dass dies unsere letzte gemeinsame Nacht werden würde. Am nächsten Tag ging Mutter mithilfe einer Vermittlung von Verwandten als Haushaltshilfe arbeiten. Vater, der sich auch für das Evangelium geöffnet hatte, ging nach Xian in China zu einem Bibelkurs und ich zu einer Lerngruppe in Chŏngdo. Wir konnten nicht zu dritt zusammenleben, weil das ohne chinesischen Personalausweis zu auffällig gewesen wäre. Ich werde beide erst im Himmel wiedersehen.

Meine Bekehrung

So wie stetig fallende Wassertropfen einen Stein aushöhlen können, so wandte sich mein Herz nach und nach Gott zu.

Als ich zwölf Jahre alt war, habe ich zum ersten Mal durch einen Missionar die Botschaft von Gottes Liebe gehört. Es waren die Worte der Bibelstelle Johannes 3,16:»Denn Gott hat die Welt so sehr geliebt, dass er seinen einzigen Sohn hingab, damit jeder, der an ihn glaubt, nicht verloren geht, sondern das ewige Leben hat.« Damals verstand ich das Wort »Liebe« nicht. Ich hatte es noch nie gehört. Deshalb schlug ich die Bedeutung in einem Lexikon nach.

Ich konnte das anfangs nicht für mich annehmen. In mir kämpfte es. Wenn diese Liebe wirklich den Schwachen umfängt, beschützt und sich für ihn bedingungslos hingibt, warum mussten dann in Nordkorea Menschen verhungern, während die Südkoreaner ein gutes Leben hatten? Warum war alles so ungerecht? Manche sagten, dass Nordkorea verflucht und Südkorea gesegnet sei. Das machte mich wütend und ich konnte die Aussage, dass Gott die Welt liebe, nur schwer akzeptieren.

Und trotzdem war jemandem wie mir versprochen, dass vor 2 000 Jahren Gottes Sohn für mich und meine Sünden ans Kreuz gegangen war und ich ewiges Leben geschenkt bekommen würde, wenn ich an ihn glaubte. Es war schwer, das zu begreifen. Ich wusste, dass ich ein Sünder war, aber ich hörte zum ersten Mal, dass ich als Mensch keine Vergebung verdient hatte und dass Jesus Gott war und mich liebte.

Ich kam damals zu dem vorläufigen Schluss, dass ich nichts zu verlieren hätte, wenn ich an ihn glauben würde. Ich fasste die Hände des Missionars und sprach das Übergabegebet nach, doch in mir veränderte sich nichts. Der Missionar sagte mir zwar nach dem Gebet: »Das Alte ist vergangen, Neues ist geworden. Ich gratuliere dir, dass du ein Kind Gottes geworden bist«, doch ich sah in mir weiterhin den alten Menschen. Ich konnte nicht glauben, dass ich ein neuer Mensch geworden war, und so sprach ich noch weitere drei Male mit Missionaren das Übergabegebet.

Nachdem ich zu glauben begonnen hatte, wurde mein Leben erheblich schwieriger. Wenn ich mich zuvor rein äußerlich in einem Kriegszustand befunden hatte, ging der innerliche Kampf jetzt erst richtig los. Denn all die Dinge, die ich zuvor ohne Bedenken getan hatte, fühlten sich nun wie Sünde an. Sünden aus der Vergangenheit bis in die Gegenwart fielen mir ein, die ich mir eigentlich gar nicht eingestehen wollte. Anfangs wusste ich nicht, wie ich damit umgehen sollte. Aber ich hörte einige Predigten und lernte, dass ich Buße tun und frei werden konnte.

In einem Buch las ich Berichte von Menschen, die Gottes Stimme gehört oder Gott sogar gesehen hatten. Wenn mir so etwas passieren würde, würden meine Zweifel sicher aufhören, dachte ich. Ich ging an jenem Tag einen Berg hinauf, obwohl es regnete. Es war sehr ruhig. Ich setzte mich auf einen Baumstumpf und begann zu beten.

»Gott, viele Menschen sollen dich gesehen und deine Stimme gehört haben. Wenn es dich wirklich gibt, möchte auch ich dir begegnen. Oder auch nur eine ganz kleine Berührung von dir spüren.«

So betete ich etwa eine Stunde, aber ich hörte, sah und fühlte nichts. So machte ich mich wieder auf den Weg hinunter, als plötzlich mein Körper, mein Mund, meine Beine, meine Gedanken – einfach alles an mir – erstarrte und ich die Worte »Sei demütig!« aus meinem eigenen Mund kommen hörte. Das war eine erstaunliche Erfahrung. Ich kann mit Sicherheit sagen, dass diese Worte zwar über meine Lippen, aber dennoch nicht von mir gekommen waren. In dem Moment, in dem ich die Stimme hörte, wurde ich von tiefer Gottesfurcht ergriffen, aber gleichzeitig verspürte ich auch eine Berührung durch sanftmütige Liebe. Es ist schwer mit Worten zu beschreiben. Das war das erste Mal, dass ich Gottes Gegenwart gespürt habe. Er hatte wieder mein Gebet erhört.

Wenn ihr mich sucht, werdet ihr mich finden; ja, wenn ihr ernsthaft, mit ganzem Herzen nach mir verlangt, werde ich mich von euch finden lassen.

Jeremia 29,13+14

Bis zu diesem Vorfall hatte ich der Bibel keinen Glauben schenken können, doch nun begann ich wirklich zu glauben, und ich musste die Souveränität Gottes anerkennen.

Ich möchte an dieser Stelle vom Kreuz sprechen, weil das Kreuz den Wendepunkt in meinem Leben darstellt. Es ist für mich so entscheidend, dass ich ohne das Kreuz meine Lebensgeschichte nicht erzählen könnte. Es reicht nicht, vom Kreuz nur gehört zu haben. Es muss einen realen Bezug zum Leben haben. In meinem Fall kann ich von einem »Einswerden« sprechen, nicht nur von einem »Bezug«. Denn dieses Einswerden mit dem Kreuz habe ich an meinem eigenen Leibe erfahren.

Während ich in Yŏngil war, ging ich mit einer verwandten älteren Dame jeden Morgen zum Frühgebet. Ohne wirklich zu wissen, warum man beten muss, bin ich wahrscheinlich eher ahnungslos und mehr aufgrund meiner Freude an der frischen Morgenluft mit ihr gegangen. Auch an jenem Tag betete ich für die Anliegen, die mir gerade einfielen, als ich plötzlich eine Vision hatte.

Als Strafe für meine Sünden trug ich mein Kreuz und ich erlitt eine unerträgliche Qual. Ich sollte gekreuzigt werden. Auf meinem Kopf war ein Dornenkranz, und die Dornen stachen mir ins Fleisch, sodass Blut herunterfloss. Ich konnte nicht mehr sehen, der Schmerz war unbeschreiblich und ich quälte mich, als plötzlich ein Mann in weißem Gewand zu mir trat. Er nahm das Kreuz an meiner Stelle auf sich und lief damit los. Ich wurde von meiner Sünde gereinigt und ein Gefühl der Freiheit überkam mich. Doch ich spürte gleichzeitig einen noch größeren Schmerz bei dem Gedanken, dass jemand anderes an meiner Stelle litt.

Es war Jesus. Ich rief seinen Namen: »Jesus!« Es gab nichts, was ich für ihn tun konnte, der für mich das Kreuz auf sich genommen hatte. Als ein Nagel nach dem anderen durch seine Hände und Füße geschlagen wurde, spürte ich einen unerträglichen Schmerz. Ich habe so geweint. Im selben Moment stimmte der Anbetungsleiter ein altes Anbetungslied an, das genau zu dem passte, was ich gerade empfunden hatte, und mich tief berührte. Im englischen Original heißt es »I Gave My Life for Thee«. Es geht darin darum, dass Jesus für mich den Platz in der Herrlichkeit neben dem Thron seines Vaters verlassen und sein Leben für meine Rettung gegeben hat. Was würde ich nun bereit sein, für ihn zu geben?

Ich erkannte, dass ich für Jesus überhaupt nichts tun konnte, und ich sprach ihm ein Dankgebet dafür, dass er mich bis auf den Tod geliebt hat. Wie kann man diese Wahrheit durch einfache Worte erklären und daran glauben? Was ich für eine Geschichte von vor 2 000 Jahren gehalten hatte, hat heute noch mit mir zu tun. Obwohl ich das Leid, das er trug, nicht einmal im Geringsten nachempfinden kann, darf ich durch den Glauben an seine Auferstehung an der lebendigen Hoffnung teilhaben.

Das Kreuz war ein großer Wendepunkt in meinem Leben, an dem ich Vergebung für meine Sünden, Befreiung von Lasten und ewiges Leben als Geschenk erhielt. Und ich bin mir sicher, dass das Kreuz Jesu nicht nur für mich, sondern auch für all diejenigen, die das jetzt lesen, Gültigkeit hat.

Eigentlich hatte ich keinen Traum für mein Leben. Ja, es war die meiste Zeit völlig undenkbar, einen größeren Traum als »eine Schale Reis mit Fleischsuppe« zu haben. Wegen des ständigen Nahrungsmangels hatte ich nicht einmal richtig zur Grundschule gehen können. In den Zeiten, in denen wir besser versorgt waren, war ich dem Beispiel älterer Jungs gefolgt, die ihre Zeit mit Rauchen, Trinken und Glücksspielen verbrachten. Wenn das Geld knapp war, stahlen wir gemeinsam und vergeudeten es wieder für ein nichtiges Leben. Es schien sowieso alles sinnlos zu sein. In Nordkorea gibt es keine Möglichkeit, durch Bildung seinen Status zu verbessern. Ausbildung und Beruf sind nicht frei wählbar. Alles hängt vom Songbun ab. Die niedrigeren Klassen verrichten schwere körperliche Arbeit, zum Beispiel in der Landwirtschaft oder im Bergbau, während jemand mit besserem Songbun leichtere Arbeit bekommt und sich weiterbilden kann. Das schadet der nordkoreanischen Wirtschaft, weil die Menschen nicht nach ihren Gaben und Fähigkeiten, sondern nach ihrer Klassenzugehörigkeit eingesetzt werden.

Später in China hatte ich zwar etwas zu essen, konnte aber auch nicht in die Schule gehen, weil ich mich verstecken musste. Dort arbeitete ich etwa zwei Jahre lang in der Landwirtschaft. Meine 13-jährigen Altersgenossen gingen alle zur Schule, aber ich musste täglich mit den Erwachsenen aufs Feld hinaus. Aber da in China zumindest meine grundlegendsten Lebensbedürfnisse gestillt waren, entstand in mir ein neuer Traum: Ich wollte lernen!

Allein dieser Gedanke stellte eine riesige Herausforderung für mich dar. Es schien mir unmöglich zu sein. Deswegen betete ich darum, dass das Unmögliche in meinem Leben möglich werde.

»Gott, ich möchte lernen. Ich möchte vieles lernen und ein bedeutungsvolles Leben führen. Bitte öffne mir einen Weg zum Lernen.«

Eines Tages kam von einem chosŏnstämmigen Prediger eine Nachricht. Er fragte, ob ich nicht zum Lernen nach Chŏngdo, Sandongsŏng in China gehen wolle. Das war meine Chance. Vater war bereits zum Bibelstudium nach Xian gegangen, Mutter wohnte als Kindermädchen bei einer chinesischen Familie und ich ging nun nach Chŏngdo. Bei dem Gedanken, dass ich lernen ging, schlug mir mein Herz bis zum Hals. Ich malte mir in Gedanken aus, wie ich in einem großen Schulgebäude lernen würde.

Aber nordkoreanische Flüchtlinge ohne Aufenthaltsgenehmigung können keine normalen Schulen besuchen, sondern müssen sich immer versteckt halten. Verschiedene Missionswerke betreiben aus diesem Grund sogenannte »Shelter«. Es werden Orte gesucht, an denen die Bibelschüler für einen kurzen Zeitraum allein oder zu mehreren leben können. Um nicht aufzufallen, werden die Räumlichkeiten häufig gewechselt. Wir blieben sechs bis zwölf Monate in einem Haus und zogen dann in ein anderes, sodass ich irgendwann aufgehört habe, die Umzüge mitzuzählen. Nur diese erhöhten Sicherheitsvorkehrungen ermöglichten das Leben in China. So sollte ich die Zeit von 2001 bis 2003 verbringen.

In Chŏngdo angekommen, wurde ich in ein zweistöckiges Restaurant geführt. Wir stiegen bis zum Dachboden hinauf. Der Raum hatte keine Fenster, es gab kein Tageslicht und die Luft war muffig. Weil es ein Zimmer mit Dachschräge war, war die Decke so tief, dass man nicht aufrecht darin stehen konnte. Dort würde ich von nun an lernen und wohnen.

Ich begegnete einem Missionar, der aus Südkorea ausgesandt worden war und sein Leben voll und ganz Menschen wie mir gewidmet hatte. Er war jemand, der mir durchgehend durch seine eigene Lebensführung das Wesen Jesu zeigte und mein großes Vorbild wurde. Er musste zwar unglaublich viel durchmachen, aber er liebte die nordkoreanischen Flüchtlinge so sehr, dass er seinen Dienst nicht aufgeben konnte. Jede Woche kam er zu mir auf den Dachboden und unterrichtete mich in der Bibel und in Englisch.

Das Bibelstudium beinhaltete, die Bibel ganz durchzulesen. Anfangs waren täglich zehn Kapitel zum Lesen vorgeschrieben. Davor hatte ich nach Lust und Laune mal ein paar Kapitel gelesen, doch jetzt musste ich jeden Tag diszipliniert wie ein Schüler lesen. Meist wurde ich schon nach vier Kapiteln langsam müde. Nach dem fünften war ich eingeschlafen.

Der Missionar erklärte mir die Stellen, die ich nicht verstand. Ich sah auch viele christliche Filme. Ich glaube sogar, dass ich nahezu alle christlichen Filme gesehen habe, die bisher erschienen sind. Filme wie »Das Leben Jesu« habe ich mir immer wieder angeschaut. Es kamen auch Dozenten von theologischen Hochschulen in Südkorea und Amerika und unterrichteten uns in der Bibel und in der Geschichte Israels.

Ich lernte und aß zu den gegebenen Zeiten, lernte weiter, und so vergingen die Tage. Aus finanziellen Gründen gab es kein Fleisch zu essen. Die Frau des Missionars kümmerte sich so gut sie konnte um unsere Probleme und Anliegen. Einmal fragte sie uns: »Was möchtet ihr am allerliebsten essen?« Wir antworteten: »Schweinefleisch!« Da kaufte sie uns tatsächlich eine große Menge Schweinefleisch. Wir kochten es, dippten es in Sojasoße und aßen Unmengen. Ich erinnere mich noch, dass mir nach dem Essen schwindelig wurde und ich Kopfschmerzen bekam.

Meine Familie muss davon hören

In der Geschichte von dem reichen Mann und Lazarus aus Lukas 16,20-31 entdeckte ich für mich Nordkorea. Der Reiche stirbt in der Geschichte, ohne Gott zu kennen. Er kann Lazarus sehen, der in seinem irdischen Leben arm gewesen war und nun im Schoß Abrahams, in der Gegenwart Gottes geborgen ist. Für den reichen Mann gibt es jedoch keine Möglichkeit mehr, zu Gott zu kommen. Er würde für immer von ihm getrennt sein. Verzweifelt sucht er nach Wegen, seine Familie zu warnen. Aber es ist zu spät. Wir müssen uns in diesem Leben für Gott entscheiden, um auch in der Ewigkeit seine Kinder zu sein.

Was würde aus meinen Verwandten in Nordkorea werden, wenn sie sie starben, ohne Gott zu kennen? Der reiche Mann aus der Geschichte hatte wenigstens auf dieser Welt ein gutes Leben gehabt, aber meine Verwandten in Nordkorea lebten ja bettelarm auf dieser Welt und nach ihrem Tod würden sie in die Hölle kommen. Bei dieser traurigen Vorstellung begann ich, für sie zu beten.

Als ich für Nordkorea betete, füllte Gott mein Herz mit Liebe für das Land. Im Gebet fand ich mich mitten im Land wieder und gab dort das Evangelium an die Menschen weiter. Ich fragte Gott nach der Bedeutung von dem, was er mir zeigte. In dem Moment bekam ich seine Anweisung: »Gehe nach Nordkorea und verkünde dort das Evangelium.« Ich spürte einen zarten Strom von Freude und tiefen Eindrücken in meinem Herzen und beschloss zu gehorchen.

»Pastor, ich werde nach Nordkorea gehen. Dort werde ich das Evangelium verkünden. Bitte sende mich.«

»Ich verstehe dein Anliegen«, antwortete der Pastor, »doch ich glaube, es ist noch nicht an der Zeit. Momentan bringt dein Vorhaben nicht mehr, als wenn man zum 38. Breitengrad ginge und das Evangelium dort ausriefe. Wenn sich die Tür für das Evangelium öffnet, wirst du viel mehr Leute in Nordkorea mit dem Evangelium erreichen können. Doch wenn du wirklich gehen willst, fasse deinen Entschluss, nachdem du darüber gebetet hast.« Mit dem 38. Breitengrad meinte er die Demarkationslinie, die Nord- von Südkorea trennt. Dort ist Niemandsland.

Obwohl mir der Missionar davon abgeraten hatte und ich besser als jeder andere wusste, was die Konsequenzen für Evangelisation in Nordkorea waren, konnte ich den tiefen Eindruck in mir nicht unterdrücken. Ich wollte wenigstens meiner Familie das Evangelium bringen und danach wieder zurückkehren.

Schließlich genehmigte der Missionar meine Reise und ich ging zurück in mein Heimatland.

Um in Nordkorea das Evangelium zu verkünden, musste man bereit sein, sein Leben zu verlieren. Im nordkoreanischen Staat, wo die Menschen unter der Diktatur ihre Führer Kim Il Sung und Kim Jong Il anbeten, wird das einfache Erwähnen des Wortes »Gott« zur Sünde. Während in der nordkoreanischen Verfassung die Bezeichnung »Religionsfreiheit« vorkommt, bezieht sich diese Freiheit in der Realität ausschließlich auf den Glauben, in dem die Kims Gott gleichgestellt sind.

Von den Nordkoreanern, die wie ich in China zum Glauben gekommen sind, gehen manche nach ihrer Ausbildung in China zurück nach Nordkorea und geben dort das Evangelium weiter. Sie setzen ihr Leben dafür aufs Spiel. Wenn sie von der Polizei gefasst werden, werden sie ins politische Gefängnislager geschickt oder sofort hingerichtet. Dennoch breitet sich das Wirken Gottes im Verborgenen unaufhaltsam aus.

Da das Evangelium auf diese Weise verkündet und verbreitet wurde, bildet die nordkoreanische Staatssicherheit inzwischen falsche Christen aus, um so die verborgenen Christen aufzuspüren.

Um den Schein der Religionsfreiheit aufrechtzuerhalten, gibt es in der Hauptstadt zwei staatlich anerkannte Kirchen, die Bongsu-Kirche und die Chilgol-Kirche. Diese Kirchen sind eine Methode, um Einkünfte aus Devisengeschäften zu erhalten. Ihre Mitglieder sind alle in der Partei und sie dienen in ihren Kirchen niemand anderem als Kim Il Sung und seinen Nachfolgern. Wer wirklich einen Glauben annimmt und dabei erwischt wird, wird als Volksverräter mit dem Tode bestraft. Gottesdienste jeder Art sind streng verboten; nicht einmal zu zweit darf man sich zum Beten treffen. Spricht jemand über Gott, besitzt jemand eine Bibel oder auch nur einzelne handgeschriebene Bibelverse, so muss das sofort zur Anzeige gebracht werden, wenn es jemand mitbekommt. So will man verhindern, dass die vielen heimlichen Christen voneinander erfahren und sich zusammentun.

In Pjöngjang gibt es wohl Menschen, die über die Existenz der Bongsu-Kirche und der Chilgol-Kirche informiert sind. Doch ich selbst hatte, als ich in Nordkorea lebte, kein einziges Mal davon gehört, dass es Kirchen oder Christen in meinem Land gab. Ich hatte lediglich in Propagandafilmen Spione auftreten sehen, die sich als Missionare ausgaben, und Kirchengebäude, auf deren Dächern ein Kreuz befestigt war. Doch im Allgemeinen war mir die Kirche als eine Institution bekannt, die die USA bei der Welteroberung errichtete, um unter dem Vorwand der Wohltätigkeit Spionage zu betreiben.

Zudem hörte ich von den Erwachsenen, dass Religion Opium sei. Der Grund dafür sei das Suchtpotenzial der Religion. Ich hörte auch, dass Religion eine Aufopferungsmentalität mit sich brachte, die die Menschen zur Selbstaufgabe brachte, und dass die politische Strategie der USA darin bestand, eine solche Religion in andere Länder einzupflanzen, um dort den Geist der Unabhängigkeit abzutöten.

Daher konnte ich es nicht glauben, als ich später hörte, dass der Verfassung nach Religionsfreiheit in Nordkorea bestand und dass es dort Kirchen gab. Es hingen überall Parolen, die die Kims vergöttlichten, und die Ideologien wurden den Menschen förmlich eingetrichtert. Wenn man in Nordkorea davon spricht, einem Gott zu dienen, dann handelt es sich bei dieser Kirche oder Institution um einen Ort, der den Kims dient.

Eine Predigerin der Bongsu-Kirche in Pjöngjang hatte einmal Folgendes gesagt:

»Ich denke, dass Gott der Premier Kim Il Sung ist. Da ich nun religiös bin, komme ich ins Gotteshaus, doch in meinem Herzen weiß ich, dass Gott niemand anderes als Premier Kim Il Sung ist. Ich komme daher mit dem Wunsch, dass mein Glaube an den Premier Kim Il Sung noch tiefer und meine Verehrung für den Premier Kim Il Sung noch größer wird. Da Jesus gestorben ist, glaube ich nicht, dass er wiedergeboren wird. Im Zeitalter der Wissenschaft gibt es wohl keine Menschen mehr, die glauben, dass ein Mensch von den Toten aufersteht.«[*]

Viele Christen haben für die nordkoreanische Chilgol-Kirche und die Bongsu-Kirche gebetet und sie unterstützt. Doch als das Video mit dem Interview an die Öffentlichkeit kam, begann man, die nordkoreanische Kirche infrage zu stellen. Es ist nichts, worüber ein Mensch urteilen sollte, sondern etwas, über das Gott allein zu urteilen vermag. Er wird auch einen Plan für diese Kirchen haben.

Als ich mich nun auf den Weg in die Heimat machte, glaubte ich an die Kraft des Evangeliums. Ich habe wie Stephanus eine »lebendige Hoffnung«, ins Himmelreich Gottes zu kommen, selbst wenn ich heute getötet werden würde. Der Gedanke, nach drei Jahren wieder in die Heimat zurückzugehen, war aufregend, aber vor allem hatte ich Angst. Der folgende Bibelvers ermutigte mich auf meiner Reise:

---

[*] Video auf Koreanisch: https://www.youtube.com/watch?v=ZT6YD9haAHk

Ich sage dir: Sei stark und mutig! Hab keine Angst und
verzweifle nicht. Denn ich, der Herr, dein Gott, bin bei dir,
wohin du auch gehst.

Josua 1,9

Zusammen mit einem anderen Flüchtling stieg ich in einen
Zug nach Yŏngil und von dort nahmen wir einen Bus bis zum
Grenzgebiet Daedonggu, Hwaryŏngsi. Auf dem Weg dahin
lagen drei Kontrollstationen des Ministeriums für öffentliche
Ordnung und wir beteten bei jeder Inspektion. Weil der Mann
denselben Weg von Nordkorea nach China genommen hatte,
kamen ihm die Ortschaften einigermaßen bekannt vor. Doch
nachdem wir einen Berg hinaufgestiegen waren, verloren wir
die Orientierung. Es gab dort viele Bäume, die uns daran hin-
derten, weit nach vorne zu sehen. Die ganze Nacht suchten wir
nach dem Weg, doch wir blieben erfolglos. Wir hatten nichts
gegessen und waren hungrig. Als wir ein Licht brennen sahen,
gingen wir sofort hin. Dort stießen wir auf chinesische Holzar-
beiter, denen wir in unserem dürftigen Chinesisch beibrachten,
dass wir hungrig waren.

Weil viele Nordkoreaner ins chinesische Grenzgebiet hinü-
berkommen, gibt es ein Bußgeld für Chinesen, die ihnen helfen
oder zu essen geben. Obwohl wir den Holzarbeitern sicherlich
verdächtig vorkamen, reichten sie uns etwas zu essen. Wir aßen
fieberhaft den Reis mit Suppe und setzten dann unseren Weg
fort. Wir gelangten bis zu einer Stelle, von der aus Lichter eines
Dorfes zu sehen waren, doch wir gingen nicht hinein. Denn
wenn man in einem Dorf gesehen und angezeigt wurde, wurde man sofort verhaftet. Wir beschlossen daher, in den Bergen
zu übernachten und den Weg bei Tag weiterzusuchen. Es war

Anfang Mai des Jahres 2002 und zum Ende der Nacht wurde es sehr kalt. Wir legten uns Rücken an Rücken auf den Boden, sodass wir die Körperwärme des anderen spüren konnten. Doch auch das half nicht lange und wegen der Kälte konnten wir kein Auge zutun. Bei Morgendämmerung gingen wir ins Dorf hinunter. In einem Laden kauften wir uns Süßigkeiten und Brot. Dann setzten wir unseren Weg fort. Obwohl wir unentwegt weitergingen, fanden wir den richtigen Weg nicht. Ich verirrte mich nie auf Wegen, die ich schon einmal gegangen war, und konnte deshalb solche Irrtümer nicht verstehen. Der Mann hatte zwar behauptet, einen Landweg nach Nordkorea zu kennen, doch nachdem wir den halben Tag umhergeirrt waren, setzte ich mich durch, dass wir einfach einen Weg durch den Tumenfluss nehmen sollten.

Gegen zwölf Uhr mittags stiegen wir ins Wasser. Wir befanden uns in der Nähe des Paektusan, wo uns das Wasser bis zu den Knien reichte. Nachdem wir ohne weitere Schwierigkeiten den Fluss durchquert hatten, wurden wir von einem nordkoreanischen Soldaten aufgegabelt, der uns aufgelauert hatte. Von einer kleinen Militäreinheit wurden wir an die Aufsichtsbehörde übergeben. Als wir dort ankamen, wurden uns gleich die Schuhe weggenommen. Draußen sollten wir uns auf unseren Fußballen hinhocken und über unser Vergehen nachdenken. Mit der Zeit fingen die Füße an zu schmerzen, aber wenn wir uns auch nur ein bisschen rührten, wurden wir geschlagen. In dem Moment sah ich vor meinem inneren Auge meine Glaubensfamilie in China für uns beten. »Gott, schenke ihnen den Glauben zum Sieg!«, beteten sie. Am Abend sollten wir unter das Soldatenquartier kriechen und Feuer machen. Wegen des Windes und des Rauches wollte das Holz kein Feuer fangen, und obwohl wir ständig pusteten, ging es immer wieder aus und unsere Augen tränten wegen des Qualms.

Da kamen die Aufseher und riefen: »Ihr kleinen Ratten, streckt eure Köpfe einer nach dem anderen raus!« Der andere streckte seinen Kopf zuerst heraus. »Aaargh!«, hörte ich ihn schreien. »Nächste Ratte, Kopf raus!« Ich streckte meinen Kopf heraus und sah plötzlich nur noch Sterne. Sie hatten mit ihrem Gewehrschaft auf unsere Köpfe geschlagen. Wir bluteten stark. »Kommt ihr beide aus dem Loch heraus!« Sie schlugen weiter mit dem Gewehrschaft auf uns ein und traten uns, als seien wir Sandsäcke. Allein dafür, dass wir nach China gegangen waren, wurden wir so verprügelt. Nach einiger Zeit krabbelten wir unter die Holzbetten der Soldaten und schliefen dort ein.

Auch am nächsten Morgen mussten wir vor einem Aufseher Strafe stehen. Wir bekamen unser Essen in einem Futternapf für Hunde, aber wir waren froh, überhaupt etwas essen zu können. Beim Kauen stießen wir zwar gelegentlich auf Steinchen, aber ich hatte in meinem Leben schon viel Schlechteres gegessen.

Weil es an jenem Tag durchgängig regnete, waren wir völlig durchnässt und zitterten am ganzen Körper. Graue Wolken bedeckten den Himmel und die Kälte machte uns so zu schaffen, dass ich das Gefühl hatte, von Gott verlassen worden zu sein. Ich wollte Trost und Bestätigung von ihm bekommen und betete im Herzen: »Gott, bitte verlass uns nicht. Sei du eine warme Decke für uns.« Schlimmer noch als die Kälte war der Gedanke, dass Gott nicht mit uns wäre.

»Gott, öffne du die Wolkendecke und lass uns Licht sehen. Öffne du die Wolkendecke einmal als Zeichen dafür, dass du mit uns bist, und lass uns die Sonne sehen.«

Ich glaubte, dass Gott es tun könnte, weil er der Schöpfer des Universums war und uns liebte. Dennoch war ich mir, während ich so betete, nicht sicher, ob er mein Gebet erhören würde. Doch erstaunlicherweise öffnete sich die Wolkendecke genau über uns ein kleines Stück und die Sonne schien auf uns herunter. Als ich die Wärme der Sonnenstrahlen spürte, fühlte ich mich gleichzeitig in Gottes treuer Liebe und Nähe bestätigt. Mir kam das Bild von Jesu Taufe vor Augen, bei der Gott sprach:»Dies ist mein geliebter Sohn«, und ich verspürte eine tiefe Ruhe, als würde ich Gott persönlich begegnen. Einige Minuten später bedeckten die Wolken wieder den Himmel.

An den schlimmsten Orten kann man es aushalten und sogar Freude und Glück verspüren, wenn nur Gottes Gegenwart da ist. Das Schlimmste im Leben ist die innere Armut, Leere und Kälte, die einen Menschen auch an den schönsten Orten verfolgen kann. Ich habe in vielen Gefängnissen immer wieder erlebt, dass Gottes Liebe alles überwindet.

Die Aufsichtsbehörde übergab uns schließlich einer Polizeistation.

Ein Polizist fragte uns:»Habt ihr gegessen?«

»Wir haben nichts gegessen.«

»Hm, hier gibt es nichts zu essen. Folgt mir.«

Der Polizist nahm uns mit zu sich nach Hause. Er gab uns eine Schale Reis mit Kimchi, die wir uns teilen sollten, und erwies uns damit große Gunst. Dann wurden wir zurück auf die Polizeistation geführt. Nach dem Verhör sollten wir von Daehŭngdan nach Musan übergeben werden, doch weil an dem Tag kein Wagen zur Verfügung stand, mussten wir bis zum nächsten Tag warten. Bis dahin hatten wir keinen Schlafplatz, weshalb wir die Nacht in einem Schuppen verbrachten.

Wir hatten nichts, um uns zuzudecken, und froren fürchterlich.

Als der Tag anbrach, nahm uns der Polizist mit in ein Restaurant und ließ uns Reis mit Fleischbrühe bringen. Er hätte das nicht tun müssen. Sein Verhalten war sehr ungewöhnlich. Wir freuten uns sehr, weil wir zum ersten Mal seit Langem Fleischbrühe aßen. Danach stieg der Polizist mit uns und noch vielen anderen Leuten in den Frachtteil eines Wagens und wir fuhren von Daehŭngdan nach Musan. Wenn man den eigentlichen Regelungen Folge leistete, wurde man zuerst zu einer Sammelstelle in Musan gebracht, von dort aus nach Chŏngjin und anschließend zum eigenen Wohnort. Doch gleich nach Ankunft in Musan vernichtete der Polizist unsere Akten und ließ uns einfach frei. Er sagte zu uns: »Ich lasse euch hier gehen. Ihr ähnelt meinen Kindern. Geht nicht wieder nach China.« Ich war überzeugt: »Ganz bestimmt hat Gott das Herz des Polizisten bewegt!«

Bald war ich wieder allein. Da man mir die Schuhe weggenommen hatte, war ich barfuß unterwegs, und wegen der Schläge auf den Kopf war ich auch noch ganz blutverschmiert. Hinzu kam, dass ich mich tagelang nicht gewaschen hatte. Ich war in einem sehr erbärmlichen Zustand. Als ich so auf dem Markt in Musan auftrat, wurde ich unweigerlich zu einem Blickfang. Ich wechselte das chinesische Geld, das ich in meiner Kleidung versteckt hatte, und kaufte davon Schuhe und Socken. Doch die Aufseher, die es auf jedem Markt gab, fragten: »Du warst dort in China, nicht?« Das war sehr offensichtlich, aber ich beharrte verzweifelt darauf, nicht in China gewesen zu sein. Sie hätten das sofort zum Anlass genommen, mich wieder zu verhaften. Da mischte sich die Frau ein, bei der ich die Socken gekauft hatte. Sie nahm mich in Schutz, indem sie mich als ihren Verwandten ausgab. Wie in der biblischen Geschichte, in der die Prostituierte Rahab die israelitischen Kundschafter bei sich versteckt, konnte ich Schutz im Haus der Frau finden und blieb dort ein paar Tage. Sie hatte viel für mich riskiert, und ihr war anzusehen, dass sie selbst ein hartes Leben unter ständiger Sorge und Angst führte.

Ich erzählte ihr das ganze Evangelium und von den Glaubensvorbildern, über die wir in China unterrichtet worden waren: zum Beispiel über den Erweckungsprediger Moody und den Waisenvater Georg Müller. Ich sagte ihr, dass diese Menschen an Gott geglaubt hatten und dass auch ich an diesen Gott glaubte. Einerseits war mein Herz voller freudiger Aufregung, doch andererseits fürchtete ich, einen großen Fehler begangen zu haben.

»Gott, bitte rette mich. Wenn die Frau mich bei der Staatssicherheit anzeigt, muss ich ins politische Gefängnislager, ohne jemals die Gelegenheit gehabt zu haben, meinen Verwandten das Evangelium zu verkünden. Bitte rette mich!«

Die Frau hatte ernst auf meine Worte gehört und nichts erwidert. Dann ging sie hinaus und war eine ganze Weile fort. Ich dachte darüber nach, sofort die Flucht zu ergreifen, doch wenn ich in Musan umherziehen würde, würde ich ohnehin gefasst werden. Ich konnte also nichts anderes tun, als zu beten.

Einige Zeit darauf kam die Frau zurück. Ich fürchtete, dass ein Beauftragter der Staatssicherheit nach ihr hineinkommen würde. Doch der kam nicht und am nächsten Morgen kam die Frau auf mich zu und fragte: »Ich möchte an den Gott glauben, an den du auch glaubst. Was muss ich tun? Kann ich auch glauben?« Das war unfassbar und ich war tief gerührt. Ich schloss die Tür hinter uns ab, kniete mich hin und fasste die Frau an den Händen.

»Bekennen Sie, dass Sie eine Sünderin sind? In Gottes Wort steht geschrieben, dass es nicht nur Mord ist, wenn man jemanden mit dem Schwert erschlägt, sondern auch, wenn man jemanden beschimpft und hasst. Und nicht nur jemand, der mit einer fremden Frau die Ehe bricht, ist ein Ehebrecher, sondern auch jemand, der eine fremde Frau mit Lust ansieht, hat bereits Ehebruch mit ihr begangen.«

Die Frau antwortete: »Sicherlich, denn ich habe viel gestohlen und viel gesündigt.«

Daraufhin sagte ich: »Würden Sie mir dann jetzt dieses Gebet nachsprechen?«

Sie nickte zustimmend. Und wir beteten: »Gott, Vater, ich bin sündig. Ich tue Buße für all die Sünde, die ich bis jetzt begangen habe, als ich dich noch nicht kannte. Ich nehme Jesus, der für mich auf diese Welt gekommen ist, als meinen Retter an. Auch wenn es Leid und Schwierigkeiten in meinem Leben gibt, bewahre mich vor dem Bösen und leite mich. Ich bete im Namen von Jesus, Amen.« Die Frau sprach das Übergabegebet nach.

Da geschah etwas Erstaunliches. Die Frau, die vor dem Gebet von vielen Sorgen erdrückt zu sein schien, sah mich nun mit einem friedlichen Blick an. Ich hatte gedacht, dass ich derjenige sei, der das Evangelium weitergibt, aber ich erlebte zum ersten Mal, dass es niemand anderes als der Heilige Geist selbst war, der dies bewirkte. Ich gab der Frau die Bibelverse weiter, die ich in China gelesen und auswendig gelernt hatte, und erklärte ihr mit dem Vaterunser und dem Apostolischen Glaubensbekenntnis, wie man betete. Als ich mich am nächsten Tag von der Frau verabschiedete, weinte ich aus Bedauern, aber ich konnte die Liebe Gottes spüren, als ich ihr lachendes Gesicht im Glauben sah. Ich konnte in diesem Moment sehen und spüren, dass Gott auch Nordkorea liebte.

Als ich an meinem Heimatort angekommen war, stieg ich auf einen Berg, von dem aus das gesamte Dorf zu überblicken war.

Dort betete ich für meine Verwandten und pries Gott mit einem Lied. Ich betete, dass Gott sie aus der Finsternis ins Licht führen und ihre Augen öffnen würde.

Gott erfüllte mein Herz mit Erbarmen für sie. Sie waren Menschen, die weder verflucht noch von Gott verlassen waren; sie waren Menschen, die Gott liebte. Das hatte er selbst gesagt. Und er hatte versprochen, dass das nordkoreanische Volk zu ihm umkehren würde wie die Bewohner der Stadt Ninive, die durch Jona Gottes Botschaft empfangen und Buße getan hatten.

Was ich in der kurzen Zeit in unserem Dorf erlebte, war ein Vorgeschmack davon. Gott selbst hatte diese Reise nach Nordkorea geplant, und jetzt belohnte er meinen Gehorsam. Leider ist es noch nicht an der Zeit, diese Geschichte zu erzählen. Ich kann nur sagen, dass viele Herzen berührt worden sind und Gott mich gebraucht hat, um ihn zu bezeugen.

Als ich mein Heimatland wieder verließ, fühlte ich mich wie ein Hirte, der seine Schafe zurücklässt. Ich nahm mir vor, an jedem Ort für die Gläubigen in Nordkorea zu beten.

Zum dritten Mal machte ich mich auf den gefährlichen Weg nach China. Diese Reise war keine, an die man sich gewöhnt. Wieder konnte jeder Tag mein letzter sein. Ohne die Führung Gottes war es ein unmögliches Unternehmen und ich betete ununterbrochen zu ihm. Ich hatte zwar Angst, doch im Glauben war jedes Hindernis überwindbar. Ich konnte die Angst besiegen, weil Gott, mein Schild, mit mir war.

Mit der Hilfe meines chosŏnstämmigen Bekannten konnte ich in China mit dem Zug nach Chŏngdo gelangen und traf dort auf einen alten Freund. Ich berichtete von der Gnade Gottes, die mich inmitten des Leids umfing, und dankte allen, die ohne Unterlass für mich gebetet hatten. Man sagt, dass Glaube durch das Hören von Gottes Wort kommt. Doch wenn ich dem eines hinzufügen darf, kann ich bezeugen, dass dieser Glaube durch Leiden noch stärker wird. Es gibt Fälle, in denen man durch Gebet einen Berg zum Einsturz bringen kann. Ich hatte nun auch die Erfahrung gemacht, dass man einen solchen gewaltigen Berg durch Gottes Kraft standhaft überwinden und den Sieg erringen konnte. Durch solche Erfahrungen kommt man zu einem Glauben, der ein größeres Vertrauen zu Gott entwickelt, und ich fühlte, wie mein Glaube in mir durch all dieses Leiden zu einem wirklich festen Fundament heranreifte.

Alarm im Shelter

In den Jahren 2002 und 2003 ging von China aus das Schwere Akute Respiratorische Syndrom (SARS) um die Welt. Die Pandemie breitete sich schnell aus und hielt die Menschen in China und weltweit in Atem. Da es stetig zu Neuinfektionen kam, war jeder darum bemüht, sich nicht anstecken zu lassen. Die Shelter, die ihre Standorte bis dahin an verschiedenen Stellen hatten, wurden deswegen für einen Monat an einen Ort zusammengelegt. Wir mussten uns bemühen, das Haus nach außen hin unbewohnt wirken zu lassen. Da etwa 20 Schüler, die vom Alter her eigentlich schulpflichtig gewesen wären, in einem Haus zusammengepfercht lebten, war klar, dass wir in der Öffentlichkeit verdächtig wirken würden. Und da wir keinen Personalausweis hatten, bestand immer die Gefahr, gefasst und nach Nordkorea abgeschoben zu werden.

Wir lebten also einen Monat lang wie in Gefangenschaft zu zwanzigst in einem Haus. Während dieser Zeit konnten wir nicht hinausgehen, nicht nach Belieben essen und mussten auch die Toilettengänge auf ein Minimum beschränken. Wir mussten sehr sparsam mit Wasser umgehen und konnten nicht duschen. Nur auf diese Weise konnten wir im Verborgenen vor der chinesischen Behörde leben.

Immer, wenn ich einen Wagen der Behörde für öffentliche Sicherheit vorbeifahren sah oder einen Polizisten erblickte, packte mich die Angst. Man lebte in einem Dauerzustand der Unsicherheit. Ich war immer angespannt. Die Jahre vergingen und mit zunehmendem Alter verspürte ich verstärkt den Wunsch, in die Schule zu gehen und zu lernen. Ich sprach mit dem Missionar und äußerte meinen Wunsch, nach Südkorea zum Theologiestudium zu gehen. Er entgegnete jedoch, dass man in Südkorea leicht in den Materialismus abrutschen und vom Glauben abfallen könne und dass meine Zeit noch käme, wenn ich zunächst im Hier und Jetzt mein Bestes gäbe.

»Menschen wollen sich nur kurze Zeit vorbereiten lassen und lange Zeit von Gott gebraucht werden, aber wenn man sich das Leben von Jesus ansieht, hat er sich 30 Jahre vorbereitet und drei Jahre gewirkt. Eine intensive und gründliche Vorbereitung ist wichtig.« Ich sollte noch einige Zeit in der Wüste der Vorbereitung verbringen.

Während meiner Zeit im Shelter bekamen wir immer wieder Besuch von Missionsgruppen, die im Rahmen von Kurzeinsätzen nach China kamen. Sie brachten uns viel Liebe und Aufmerksamkeit entgegen, aber gleichzeitig trugen wir durch die Begegnungen auch viele Verletzungen davon. Wir waren Kinder und Heranwachsende, die im Leben nicht viel Liebe und Annahme erfahren hatten. Für uns war es eine neue, schöne Erfahrung, gemeinsam zu spielen und zu basteln. Wir sahen, dass hier Menschen von weit her kamen und Kosten und Mühen auf sich nahmen, um uns etwas Freude und Abwechslung zu bringen. Aber so schnell sie gekommen waren, gingen sie auch wieder. Hatten wir gerade angefangen, zu Menschen Beziehung und Vertrauen aufzubauen, mussten wir uns schon wieder von ihnen verabschieden und uns auf eine neue Gruppe einstellen.

Es war auch schön, gemeinsam Fotos zu machen. Der eine oder andere versprach mir dann, die Fotos zu schicken, doch das Versprechen hielt niemand. Wenn die Teams abreisten, bemitleidete ich manchmal unser Dasein, das Tieren glich, die im Zoo gefangen waren. Es waren schließlich nicht nur ein oder zwei Tage, die wir hinter verschlossener Tür verbringen mussten. Mir fällt es bis heute schwer, mit Worten auszudrücken, was ich in dieser Zeit fühlte. Doch wenn ein Missionsteam versprach, nächstes Jahr auf jeden Fall wiederzukommen, und sie ihr Versprechen tatsächlich hielten, war ich sehr froh.

Eines Tages kam ein Missionsteam von einer Gemeinde in Südkorea. Wir lebten in Gemeinschaft mit dem Team und aßen, schliefen, unterhielten uns und beteten zusammen. Als wir das Team wieder verabschiedeten, bat mich eine Dame von ihnen um Gebet für einen Mann, mit dem sie nächstes Jahr wieder zu uns kommen könnte. In unseren Gebetszeiten beteten wir jedes Mal auch für dieses Anliegen. Und im nächsten Jahr kam sie tatsächlich wieder – sie hatte geheiratet und ihren Mann mitgebracht! Sie dankte uns und sagte:»Ich bin so froh, denn dank eures Gebetes können wir nun beide gemeinsam hier sein!« Wir freuten uns sehr über die Gebetserhörung. Alle, die als Teil unserer Gemeinschaft mitgebetet hatten, sahen mit eigenen Augen das Wirken des lebendigen Gottes. Als ich das Ehepaar nach acht Jahren in Südkorea wieder traf, waren sie bereits Eltern eines Kindes.

Unser Tagesablauf folgte bestimmten Regeln: Morgens um fünf Uhr standen wir auf und begannen den Tag mit Stiller Zeit und Fürbitte. Anschließend gingen wir nach dem Auswendiglernen von Bibelversen zum Frühstück. Bis acht Uhr hatten wir Zeit, uns zu waschen und das Haus in Ordnung zu bringen; dann lasen wir in der Bibel und schrieben Bibeltexte ab. Von 12 bis 13 Uhr war eine Gebetszeit bis zum Mittagessen vorgesehen. Ab 14 Uhr lasen wir Bibel oder lernten mit Materialien zum Bibelstudium, mit dem uns unser Missionar unterrichtete. Um 18 Uhr aßen wir zu Abend und erzählten uns von unserer morgendlichen Stillen Zeit. Um 22 Uhr gingen wir ins Bett.

Da sich dieser Ablauf jeden Tag wiederholte, tat ich mich manchmal schwer damit. Mir war langweilig. Doch Gott sagte mir, dass dieser Ort der »Bach Krit« aus 1. Könige 17 sei, an dem sich Elia aufgehalten hatte, als er von König Ahab und seiner Frau Isebel verfolgt worden war. Das Leben im chinesischen Shelter war in der Tat wie der »Bach Krit«, an dem ich mich wie Elia geistlich stärken und auf eine beschwerliche Reise vorbereiten konnte. Es war eine wertvolle Zeit, in der mir das Schwert des Heiligen Geistes, das Wort Gottes, wie eine Waffe in die Hand gelegt wurde. Wir waren ständig mit der Bibel beschäftigt und lernten, unsere Kraft daraus zu schöpfen. Ich war zwar allein und eingesperrt, doch durch das Wort der Wahrheit war ich frei und ich fühlte mich von Freude und Frieden erfüllt.

Gleichzeitig kämpften in mir immer noch verschiedene Gedanken. Wenn ich mich mit anderen Menschen verglich, fühlte ich mich schäbig und trostlos. Ich konnte Gottes Gerechtigkeit allen Menschen gegenüber nicht verstehen, denn ich fand vieles so unfair verteilt. Wenn ich mich mit Chinesen oder Südkoreanern verglich, sah ich, dass ich akademisch und beruflich überhaupt nichts vorzuweisen hatte. Auch wenn ich das Lied »Ich sah, was sonst keiner sah, und hörte die Stimme, die sonst keiner vernahm« von Song Myong Hee singen konnte, löste dies nicht mein inneres Dilemma. Song Myong Hee ist eine Südkoreanerin, die viele ermutigende Lieder geschrieben hat. Sie war mit Kinderlähmung geboren worden und hatte kein einfaches Leben. Als 17-Jährige bekehrte sie sich und fand ihren Frieden mit Gott. Auch ich wusste, dass Gott schon alles für mich gegeben hatte und dass ich ihm für vieles dankbar sein konnte. Aber mein eigenes Gerechtigkeitsempfinden stand dem entgegen. In meiner Verlorenheit wandte ich mich an Gott und fragte ihn: »Herr, du hast gesagt, dass du gerecht bist. Doch ich kann von deiner Gerechtigkeit nichts erkennen. Wenn deine Gerechtigkeit darin besteht, dass ich an dich glauben durfte, dich sehen, dich hören und meinen Weg mit dir gehen durfte, dann sag mir, wie viele Menschen auf dieser Welt dich auf diese Weise getroffen haben? Es gibt doch auch viele Menschen, die dich weder gesehen noch gehört haben und trotzdem an dich glauben. Kannst du, wenn du mich ansiehst, wirklich von dir sagen, dass du gerecht bist?« Ich haderte wirklich mit Gott. Er antwortete mir durch die Bibelverse im 2. Timotheusbrief:

In einem wohlhabenden Haus gibt es Gefäße aus Gold und Silber und andere aus Holz und Ton. Die teuren Gefäße werden für besondere Anlässe benutzt, die preiswerten dagegen für das tägliche Leben. Wer sich von solchen Menschen fernhält, wird wie eins der teuren Gefäße sein: rein, nützlich für den Hausherrn, geeignet für alles, was gut ist.

2. Timotheus 2,20-21

Gottes Maßstab war ein anderer als meiner. Ich hatte zwischen festlichen Goldgefäßen und einfachen Tongefäßen unterschieden und daraufhin Gott für ungerecht erklärt, weil ich ein Tongefäß war. Aber durch das Wort Gottes habe ich erkannt, dass Gefäße aus Gold, Silber und Ton von Gott allesamt gleich gebraucht werden. Gott versprach mir dreimal: »Auch wenn du ein Tongefäß bist, werde ich dich gebrauchen, wenn du rein bist.« Deswegen sollte ich durch das Training in der Lebensgemeinschaft von innen heraus gereinigt werden. Gott war wirklich vollkommen gerecht und nun blieb mir nur noch der Prozess, ein Gefäß zu werden, das würdig war, von ihm gebraucht zu werden.

Eines Tages wurde uns ein ernstes Problem aus einem der Shelter, in dem die jüngeren Mitglieder wohnten, gemeldet. Einer der Jungen hatte die Unterkunft verlassen und gesagt, er wolle nach Hause gehen. Er war nicht zurückgekehrt. Vielleicht war das Leben mit Ausgangssperre für ihn zu erdrückend gewesen. Einerseits war es irgendwie verständlich. Er war ein kleiner Junge, der nicht zum Spielen hinausgehen konnte. Doch andererseits stellte seine Ausreißaktion ein ernsthaftes Problem für die ganze Gemeinschaft dar. Wenn nämlich ein Junge ohne Personalausweis, der nicht einmal Chinesisch konnte, hinausging und von der Polizei aufgegabelt wurde, würden sie problemlos zurückverfolgen können, wo er gewohnt hatte, und damit waren wir alle in Gefahr.

Wir gaben die Nachricht umgehend an die anderen Shelter weiter, verließen die Häuser und flüchteten ans Meer. Wenn alles ruhig blieb, wollten wir später wieder zurückkommen. Daher hatten wir all unser Hab und Gut dort gelassen und waren Hals über Kopf geflüchtet. Wenn ich damals gewusst hätte, dass ich nicht wieder zurückkommen könnte, hätte ich das Foto von Mutter und mir mitgenommen.

Es wäre zu riskant gewesen, in einer größeren Gruppe unterwegs zu sein, weshalb wir uns in kleine Gruppen aufteilten und uns versteckten. Ein paar ältere Jungs und ich fanden Zuflucht bei einer chinesischen Familie, bis wir schließlich nach drei Tagen von der Polizei gefasst wurden. Zehn von uns wurden ins Gefängnis von Chŏngdo, China, gebracht. Wir waren damals noch zuversichtlich, dass wir wieder freikämen, auch wenn wir verhaftet worden waren. Doch der Missionar konnte sich nicht für uns einsetzen und ging nach Südkorea, während unser chosŏnstämmiger Prediger mit seinen Gemeindegliedern ebenfalls von der Behörde für öffentliche Sicherheit gefasst worden war und nun unter Verhör stand. Um freizukommen, war eine riesige Summe an Geld nötig, und unsere Hoffnung auf Freilassung schwand.

Im Gefängnis saßen auch kriminelle Schläger. Sie nahmen Drogen. Wenn deren Wirkung nachließ und sie nicht sofort Nachschub hatten, litten sie unter Entzug und tyrannisierten die anderen Häftlinge. Manchmal zwangen sie einen Jungen, der mit mir verhaftet worden war, ihnen etwas vorzusingen. Da sie Chinesen waren, konnte er singen, was er wollte. Dann sang er christliche Lieder vor. Die Schläger schienen nicht so sehr den Gesang zu genießen wie die Tatsache, dass sie damit die anderen beim Schlafen stören konnten.

Chŏngdo wird im Juli von Hitzewellen getroffen. Wenn es heiß war, zogen sich die Schläger aus und wir mussten ihnen mit Pappe Luft zufächeln. Wenn wir die ganze Nacht mit Pappe wedelten, uns irgendwann die Kraft ausging und wir uns kurz ausruhen wollten, schlugen sie uns mit Fäusten. So verbrachten wir viele Nächte singend und fächernd. Es machte uns schon sehr zu schaffen, gefasst worden zu sein, aber die üble Behandlung im Gefängnis gab uns psychisch den Rest.

Ich werde einige Erfahrungen aus der Haftzeit weitergeben, aber längst nicht alle. Die nordkoreanischen Gefängnisse und Straflager zählen zu den schlimmsten auf der ganzen Welt. Aber nun war ich erst mal in China verhaftet worden.

Es gab eine Zeit, in der man zum Unkrautjäten auf den Gefängnishof hinausgelassen wurde. Wir stellten einen Fluchtplan auf und wollten über die Mauer fliehen. Alle sollten mir folgen, sobald ich losrannte. Doch in der Aufregung schaffte ich es nicht schnell genug über die Mauer. Danach sprangen zwar alle hinterher, aber nur die Hälfte schaffte es hinüber und fünf wurden wieder gefasst. Nach dieser Aktion mussten wir im Gefängnis Handschellen tragen. Dort lernte ich, verschiedene Arten von Handschellen mit einem Geldschein zu öffnen. Die Schläger brachten mir bei, die raffiniertesten Schlösser zu knacken.

So vergingen drei Monate im chinesischen Gefängnis. Ich war es zwar gewohnt, in Gefangenschaft zu leben, aber es kam mir dennoch so vor, als würde die Zeit rückwärtslaufen. Für unsere Abschiebung wurden wir von Chŏngdo nach Dandong gebracht. Im Gefängnis von Dandong hielt man uns ohne jegliche Bewegungsfreiheit an den Händen und Füßen gefesselt in einer kleinen Zelle. Dort aßen wir auch und hatten einen Eimer anstelle einer Toilette. Deswegen war die Zelle mit einem widerlichen Gestank erfüllt. Es war zudem eine Überwachungskamera installiert, und wenn wir uns ein kleines Stückchen rührten, wurden wir mit einem elektrischen Knüppel verprügelt. So verbrachten wir eine Woche in Dandong, China, und wurden dann über die Grenze nach Sinŭiju, Nordkorea, geschickt.

III.
Die Gefängnisse Nordkoreas

Im Gefängnis der Staatssicherheit von Sinŭiju

Wir kamen am 11. September 2003 an der Brücke zu Sinŭiju an.
Zur angeblichen Untersuchung von SARS, Aids und anderen
Krankheiten wurde uns mit großen Spritzen Blut abgenommen, bevor wir der Staatssicherheit übergeben wurden. Sofort
wurden die Beutel durchsucht, die wir aus China mitgebracht
hatten, und wir mussten uns entkleiden. Auf der Suche nach
verstecktem Geld untersuchten sie unsere Haare, den Mund
und sogar den After. Die Beauftragten riefen zwar: »Ihr elenden Ratten seid doch wohl nicht mit leeren Händen aus China
zurückgekehrt! Wenn ihr Geld habt, rückt brav damit raus. Wir
bewahren es für euch auf und geben es euch zurück, wenn
ihr nach Hause geht«, doch keiner schenkte ihnen Glauben.
Nach der Ganzkörperuntersuchung erhielt jeder auf dem Weg
zu seiner Gefängniszelle eine sogenannte »Schuhnummer«, die
von nun an seine Identität im Gefängnis bestimmte. Ich wurde
also nicht länger bei meinem Namen genannt, sondern mit »Nr.
127 in Zelle 1« aufgerufen. Um die Gefängniszelle zu betreten,

musste man sich tief bücken. Das Gefängnis bestand aus zwölf Zellen, in deren Mitte ein Aufseher Wache hielt. Auch hier war jeder Raum kameraüberwacht und bei jeder Bewegung ertönte die Anweisung: »Nr. 127 in Zelle 1, beweg dich nicht!«, und es folgte eine ordentliche Tracht Prügel und Folter. In die drei Mal zwei Meter große Zelle fielen nur durch einen schmalen Spalt ein paar dünne Sonnenstrahlen und in einer Ecke war ein winziges Loch für Toilettengänge. Die Häftlinge nannten die Ecke auch »Mistloch«.

Da es Sommer war und die winzigen Zellen mit Menschen vollgestopft waren, badete man förmlich im Schweiß. Der Gestank von Schweiß und Stuhl bildete eine unangenehme Mischung, die das Atmen erschwerte, doch die Häftlinge durften sich nicht bewegen und waren gezwungen, regungslos auf ihrem Platz zu verharren. Wenn man durstig war und Wasser trinken wollte, wurde dieses Bedürfnis vom Aufseher weitgehend ignoriert. Da ich der Jüngste in der Zelle war, wiesen mich die Erwachsenen einmal an, den Aufseher nach Wasser zu fragen.

»Herr, darf Nr. 127 aus Zelle 1 etwas erbitten?«

»Was willst du?!«, bellte der Aufseher.

»Es ist hier so heiß. Wären Sie so gnädig und würden Sie uns etwas Wasser zu trinken geben?«

»Du kleine Ratte, glaubst du etwa, du bist hier zu Hause auf dem Sofa? Komm her, streck deinen Kopf raus!«

Im Gefängnis von Sinŭiju befindet sich in den Zellenwänden eine längliche Öffnung, damit der Aufseher im Stehen alle sitzenden Gefangenen sehen kann. Wenn man den Kopf durch die Öffnung schieben will, muss man sich etwas vorbeugen. Als ich das tat, packte mich der Aufseher am Kinn und zog mich gewaltsam vor, sodass ich mit dem Gesicht gegen die Wand vor mir prallte und mir die Nase blutig aufriss.

»Kleine Ratte du, jetzt geh und setz dich!«

Im Gefängnis in Sinŭiju

Ich hatte nicht einmal die Gelegenheit gehabt, vor Schmerz aufzuschreien, und musste schon wieder an meinem Platz sitzen.

Mir quoll Blut aus der Nase. Ob es dem Aufseher hinterher leidgetan hat, weiß ich nicht; jedenfalls brachte er einen Becher Wasser und sagte:»Zellensprecher, gib das der Ratte, die geschlagen wurde.« Doch auf dem kurzen Weg zu mir trank der Zellensprecher das Wasser selbst und drückte mir den leeren Becher in die Hand. Da dachte ich mir:»Was soll's, wenn er mich wieder schlägt?«, und richtete erneute eine Bitte an den Aufseher.

»Herr, darf Nr. 127 aus Zelle 1 etwas erbitten? Können Sie uns nicht viel Wasser geben?«

Unerwarteterweise brachte der Aufseher eine ganze Kanne Wasser und reichte sie in die Zelle. Nachdem alle Erwachsenen davon getrunken hatten, war auch ich in an der Reihe. Ich trank, als wäre ich in der Wüste auf eine Oase gestoßen.

Auch wenn man zur Toilette wollte, war es immer dieselbe Prozedur:»Herr, darf Nr. 127 aus Zelle 1 etwas erbitten?«

»Was willst du?!«

»Darf ich die Toilette benutzen?«

Wenn er Ja sagte, konnte man auf die Toilette, wenn nicht, musste man eben seine Bedürfnisse unterdrücken.

Wenn ich alle Gefängnisse, in denen ich bisher war, zusammenzähle, komme ich auf etwa 15. Jedes Gefängnis hat seine eigenen Regeln und unterscheidet sich etwas von den anderen. Daher lernt man nach seiner Ankunft als Erstes, wie man den Aufseher anzusprechen hat. Wir mussten lernen, uns gut zu fügen, um den Schlägen zu entgehen. Wenn man die Regeln nicht befolgte, gab es Kollektivstrafen. Deswegen sorgte der Zellensprecher mit Prügel dafür, dass die Häftlinge seiner Zelle die Regeln einhielten, und dabei gab es auch viele, die ihre Position missbrauchten. Am schlimmsten traf es die Schwachen und die Jüngeren wie mich. Zum Zellensprecher wurden Insassen ernannt, die schon lange im Gefängnis waren oder eine hohe Position in der Partei hatten, Führungsqualität aufwiesen oder einfach ein Bestechungsgeld gezahlt hatten.

Der Alltag im Gefängnis sieht in etwa wie folgt aus: Wenn der Aufseher um fünf Uhr morgens »Aufstehen!« ruft, stehen die Gefangenen auf und reiben sich mit etwas Wasser neben der Toilette das Gesicht ein. Während die Häftlinge den Holzboden mit einem Stofffetzen putzen, besteht die Möglichkeit, sein Geschäft in der Ecke zu erledigen. Die meisten gehen zu dieser Zeit, auch wenn sie noch gar nicht das Bedürfnis dazu verspüren, da später die Toilettengänge nur sehr begrenzt möglich sind. Nach der Reinigung müssen wir bis zum Frühstück um sieben Uhr aufrecht sitzen. Wenn der Aufseher »Seid bereit zum Frühstück!« ruft, antworten die Häftlinge im Chor: »Verstanden!« Nach der Essensausgabe melden die jeweiligen Zellen: »Herr, die Essensausgabe in Zelle 1 ist abgeschlossen.« Der nächste Befehl kommt erst, wenn die Essensausgabe bis Zelle 12 vollständig erfolgt ist. Wenn der Aufseher das Kommando »Esst!« gibt, antworten die Insassen: »Wir danken Ihnen!«, und dürfen dann essen. Zu essen gibt es ein Häufchen Maisbrei mit Steinchen und eine Salzsuppe mit etwas Kohl. Nach dem Frühstück muss man bis halb eins bewegungslos aufrecht im Schneidersitz mit den Händen auf den Knien in der sogenannten »Korrekturhaltung« sitzen. Lange schon vor Mittag knurrt einem der Magen und zum Mittagessen gibt es wieder nur einen Löffel Maisbrei. Anschließend geht es wieder zurück in die Korrekturhaltung, und wenn man sich dabei auch nur ein bisschen regt oder einnickt, ist man für die Bestrafung der ganzen Zelle verantwortlich, weshalb man sich durchgehend beherrschen muss. Um 18 Uhr gibt es Abendessen und danach muss man bis 22 Uhr in der Korrekturhaltung verharren.

In dieser Haltung mussten wir mehr als zehn Stunden am Tag sitzen. Wer das nicht konnte, musste alle möglichen Strafen über sich ergehen lassen. Am häufigsten handelte es sich dabei um Schläge und Toilettenputzen. Anfangs konnte ich nicht einmal eine Stunde in dieser Position stillhalten. Wenn man den ganzen Tag nur sitzt, senkt sich die Wirbelsäule im Rücken und der Körper wird infolgedessen nicht mehr richtig durchblutet und fühlt sich taub an. Als ich einmal nach langem Sitzen aufstand, verlor ich plötzlich das Bewusstsein und fiel wieder nach hinten um. Die Leute neben mir massierten mir die Hände und Füße, um die Durchblutung meines Körpers anzuregen. Ich machte mir später Gedanken darüber, ob der Tod sich wohl ähnlich anfühlen würde, ganz ohne Bewusstsein.

Wenn man den ganzen Tag sitzt, ohne sich oder seine Klamotten zu waschen, hat man am ganzen Körper Läuse. Der Juckreiz ist unerträglich. Wenn man dann seine Hand bewegt, um sich zu kratzen, gibt es sofort Prügel oder eine widerliche Strafe, bei der man zum Beispiel mit dem Gesicht über der Toilette Liegestützen machen muss. Als Neuankömmling im Gefängnis teilten mir meine Mitinsassen selbst für die Nacht den Platz direkt neben der Toilettenecke zu. Die Toilette war kein separater Ort, sondern lediglich eine erhöhte Stelle im Raum. Daher mussten sich alle die Nase zuhalten, wenn jemand sein Geschäft erledigte. Wenn jemand nach 22 Uhr während der Nachtruhe mit Erlaubnis des Aufsehers die Toilette benutzte, spritzte mir manchmal etwas ins Gesicht. Doch auch im Liegen durfte man sich nicht regen, weshalb ich es einfach über mich ergehen lassen musste.

Im November ist das Wetter in Nordkorea schon winterlich. Der Zellensprecher hatte zwei Decken, eine als Unterlage und eine als Bedeckung. Ich hatte keine Decke. Vergeblich versuchte ich, nachts an den Decken meiner Nachbarn zu ziehen. So manche Nacht konnte ich wegen der Kälte kein Auge zutun. Ich gewöhnte mich mit der Zeit an alles, auch an die Schläge. Ich war damals nur dankbar dafür, überhaupt noch am Leben zu sein. Letztlich war es der Schmerz, der mir immer wieder neu bestätigte, dass ich noch existierte.

In alledem erlebte ich häufig die Bewahrung Gottes. Jeden Mittwoch mussten sich Männer und Frauen gleichermaßen ausziehen und wurden kontrolliert. Die Wärter hatten immer noch die Hoffnung, verstecktes Geld bei uns zu finden. Die Kontrolle bereitete mir Sorgen, weil ich beschnitten war. Als ich im Shelter in China gelebt hatte, war einmal ein Arzt aus den USA gekommen, bei dem wir uns beschneiden ließen. Ich hatte mich nicht aus religiösen Motiven beschneiden lassen, sondern ausschließlich für die Gesundheit, und damals hatte ich nicht geahnt, dass das jemals zu einem Problem werden könnte. Wenn die Beauftragten der Staatssicherheit von meiner Beschneidung erfahren würden, hätte das ernste Konsequenzen. In meiner Angst betete ich zu Gott und glücklicherweise passierte nichts.

In China hatte ich außerdem sieben Jahre lang den Namen Joseph getragen. Alle Freunde, die mich unter diesem Namen kannten, nannten mich Joseph anstelle meines echten, koreanischen Namens. Das bereitete mir große Sorgen. Denn wenn bekannt wurde, dass ich irgendetwas mit Religion zu tun hatte, würde ich direkt ins politische Gefängnislager wandern. Ich hatte gelogen, dass ich wegen der schweren Lebensbedingungen nach China gegangen war und dort bis zu meiner Verhaftung auf dem Land gearbeitet hatte, doch wenn meine Lüge aufflog, hätte es mein Ende bedeutet. Ein paar Häftlinge unseres Gefängnisses durchschauten uns und erzählten anderen Mitinsassen, dass wir in China in der Kirche gewesen waren. Das hätte leicht unser Aus bedeuten können. Wir waren von klein auf dazu erzogen worden, dass es etwas Gutes war, sich gegenseitig zu bespitzeln und zu verraten. Im Gefängnis wurde dieses Verhalten noch gefördert. Jeder suchte seinen eigenen Vorteil, weil jeden Tag das Überleben von der Gunst eines Wärters oder einem Extralöffel Reisbrei abhängen konnte. Wieder erlebten wir ein Wunder. Die Häftlinge meldeten uns nicht und auch dieser Fall legte sich ohne schwere Konsequenzen für uns.

Neben mir gab es noch viele Kinder und Jugendliche, die beim Bibelstudium in China gefasst worden waren. Manche von ihnen hatten der Staatssicherheit die Wahrheit gestanden und waren daraufhin zur lokalen Staatssicherheit ihres Heimatortes gebracht worden, um von dort aus ins politische Gefängnislager geschickt zu werden – der Ort, von dem man nicht mehr lebend zurückkehrt. Wir konnten zwar nicht miteinander sprechen, aber ich betete innerlich für sie. Viele Freunde und Glaubensgeschwister kamen auf diese Weise ins politische Gefängnislager und auch heute bete ich noch für sie.

In der Sammelstelle von Sinŭiju

Nach der Kontrolle durch die Staatssicherheit wurden wir im November der Sammelstelle von Sinŭiju übergeben. Die Sammelstelle ist eine Art Besserungsanstalt der Sicherheitsbehörde, in der alle Nordkoreaner, die illegal in China waren, darauf warten müssen, dass der zuständige Polizist ihres Heimatbezirkes sie abholt. Bis dahin gab man dem Häftling allerlei schwere Arbeit zu tun. Auch in der Sammelstelle galt es, strikte Regeln zu befolgen. Wieder gab es direkt bei der Ankunft eine intime Ganzkörperuntersuchung, um den Häftlingen ihr Geld abzunehmen.

Zur Zeit des japanischen Imperiums waren in dem Gebäude Militärhunde gezüchtet und ausgebildet worden, weshalb es dort besonders viele Flöhe gab. Tag und Nacht plagten sie die Menschen und zerbissen sie am ganzen Körper. Wenn man sich an den juckenden Stellen kratzte, linderte das zwar den Juckreiz für kurze Zeit, aber der Körper war hinterher mit blutigen Kratzwunden übersät. Nachts raubten die Flöhe uns den Schlaf.

Arbeit, die man in der Sammelstelle verrichten musste, war unter anderem: Exkremente schöpfen und wegtragen, Zement umladen, gefrorene Erde mit Hammer und Meißel aufgraben, Sand und Ziegel schleppen, Kohle transportieren und noch vieles mehr. Nach dieser körperlich anspruchsvollen Arbeit gab man uns wenige verkochte, aufgeplatzte Maiskörner und gekochte Kohlkeimblätter, die wir als »Krähenflügel« bezeichneten.

Im kalten Winter mussten wir unter Beobachtung eines Aufsehers bei einer kleinen Gefängniszelle zu je zwei Stunden Wache stehen. Bei jedem Schichtwechsel sagte man: »Herr, ich gebe den Wachposten ab. Zelle 1, 15 Frauen; Zelle 2, 13 Frauen; Zelle 3, 8 Männer; die Toilette und der Korridor sind in Ordnung. Ich gebe den Wachposten ab.« Der Häftling, der die Schicht antrat, sagte Ähnliches und übernahm die Position. Wer im Winter verhaftet worden war, hatte eine Winterjacke an, doch weil ich im Sommer gefasst worden war, trug ich leichte Kleidung. Und so musste ich an einem kalten Wintertag in einem kurzärmligen Oberteil und kurzen Hosen Wache stehen. Den Hunger konnte ich zwar einigermaßen ertragen, aber die Kälte machte mir sehr zu schaffen.

Als ich wieder einmal Wache stehen sollte, sah ich durch ein kleines Eisentor, wie man Steine aus dem Reis für die Aufseher herauslas. Beim Anblick des Reises konnte ich den Hunger nicht länger unterdrücken.

»Herr, darf ich etwas erbitten?« Bevor ich überhaupt nachdenken konnte, waren mir die Worte schon aus dem Mund geplatzt.

»Was willst du?!«, kam sogleich die Antwort.

»Ich bin so hungrig, könnten Sie mir nicht eine Handvoll Reis abgeben?«

Nach einer ganzen Weile sagte der Aufseher:»Nimm dir eine Handvoll.«

Gewissenhaft nahm ich mir nur ein bisschen Reis und ging hinaus. Wenn man Hunger hat, schmeckt ungekochter Reis hervorragend. Nachdem ich aufgegessen hatte, bereute ich, nicht mehr genommen zu haben. Doch dank der Reiskörner wurde der Hunger ein wenig erträglicher.

Ich bekam die Aufgabe zugeteilt, Zement vom Lastwagen ins Lager zu bringen. Beim Arbeiten war mir nie ganz klar, ob ich wirklich den Zement transportierte oder einfach nur Staub fraß – man ging förmlich im Staub unter. Meine zweite Aufgabe bestand darin, Exkremente aus der Toilette zu schöpfen. Da ich nicht einmal Handschuhe dafür hatte, waren meine Hände mit Exkrementen verschmiert, und als der Schöpfeimer eines Tages kaputtging, musste ich mit bloßen Händen schöpfen. Da ich der Jüngste war, war ich natürlich auch derjenige, der bei Bedarf zum Schöpfen hinuntersteigen musste, und wenn ich wieder hochkam, war ich völlig mit Exkrementen bedeckt. Anfangs wollte ich mir die Nase zuhalten, aber nachdem ich den ganzen Tag diese Arbeit verrichtet hatte, gewöhnte ich mich an den Gestank.

Einmal sollte ich zu einer Baustelle gehen, wo Häuser konstruiert wurden. Ich musste einen Sack Sand ins vierte Stockwerk hochschleppen. Weil ich im Gefängnis keinerlei Bewegung gehabt hatte, war es unmöglich für mich, einen schweren Sandsack vier Stockwerke hochzuhieven, weil meine Beine zu sehr zitterten. Auch eine Frau, die aus derselben Gegend stammte wie ich, schaffte es nicht und weinte aus Verzweiflung. Ich schob sie an, während sie mit dem Sandsack hinaufstieg, und gemeinsam schafften wir es bis nach oben. Ich transportierte auch Kohle mit einer Lore für ein Krankenhaus. Ein Mann und vier Frauen schoben eine Lore an. Auch wenn ich klein war, zählte ich als Mann, und mit mir an der Spitze schoben vier Frauen die Lore von hinten an. Ich brachte all meine Kraft auf, damit sie nicht zurückrollen würde, aber sie ließ sich kaum von der Stelle bewegen. Erst nach mehreren Stunden Arbeit konnten wir den Anstieg mit Mühe und Not bewältigen. Nach dieser Arbeit gab man uns völlig zerkochte Maisnudeln.

Da es im Gefängnis der Sammelstelle keine Wasserleitungen gab, benutzte man die Häftlinge zum Wasserschöpfen. In 100 Metern Entfernung stand ein großer Brunnen. Einmal schob ich einen großen Wasserbehälter auf einem Karren dorthin. Ich ließ ihn in den Brunnen hinunter. Als er sich mit Wasser gefüllt hatte, zog ich mit all meiner verbliebenen Kraft, aber es wollte mir nicht gelingen. Am Ende fiel ich mitsamt dem Behälter in den Brunnen. Da es Dezember war, fror mein ganzer Körper ein und meine Füße blieben am vereisten Boden haften und lösten sich nicht mehr. Ich weinte in meinen vereisten Sommerklamotten, weil es so kalt war und ich solchen Hunger hatte. Doch keiner half mir oder bot mir ein Kleidungsstück an. Es gab Leute, die Kleider aus China mitgebracht hatten, und ich gab all meine Würde auf, als ich sie um etwas zum Anziehen anflehte; keiner von ihnen erhörte meine Bitte.

Nachdem ich meine Arbeit draußen beendet hatte, ging ich ins Gefängnis und setzte mich. Der Reihe nach wurden wir kontrolliert und konnten anschließend in die Kantine gehen. Die Tische und Stühle waren aus Zement oder Beton und die Tische waren mit Aluminiumtellern vom Militär gedeckt. Auf den Tellern selbst waren in etwa drei Löffel Mais. Doch weil die Männer, die zuerst in die Kantine kamen, sich von den anderen das Essen wegnahmen, blieben für diejenigen, die später kamen, nur noch leere Teller übrig. Ich war als Letzter dran und fand auf meinem Teller nur noch ein paar Körner. Weil sich dies ständig wiederholte, dachte ich mir eines Tages: »Auch ich werde mir vom Teller eines anderen etwas Essen wegnehmen!« Und ich nahm mir eine Handvoll von dem weich gekochten Mais und setzte mich auf meinen Platz.

Doch plötzlich wurde der dunkle Raum hell und ein Aufseher kam mit einer Taschenlampe herein. »Der elende Dieb, der sich Essen geklaut hat, melde sich sofort!« Als sich keiner zu der Tat bekannte, schrie er: »Hebt die Hände hoch!« Ich hob meine Hände mit den Maiskörnern. Doch all die Männer vor mir, die sich auch Essen gestohlen hatten, hatten scheinbar ihr Diebesgut irgendwohin versteckt – denn ich war der Einzige, der noch Essen in der Hand hielt. Den Mais nahm man mir weg und zur Strafe bekam ich ein paar Tage gar nichts zu essen. Ich musste mich auf den kalten Boden hinknien und mit erhobenen Armen über meine Tat nachdenken. Im Dezember schwanken die Temperaturen in Nordkorea um minus 30 Grad. Doch wenn man in T-Shirt und kurzer Hose die ganze Nacht auf Zement knien muss, hält der Schmerz nur kurz an; nach einer Weile ist der Körper wie betäubt und man spürt gar nichts mehr. Ich hoffte nur, dass die Zeit schnell vergehen würde. Wenn ich mich zwischen Hunger und Kälte entscheiden müsste, würde ich den Hunger wählen. Kälte ist eine unbeschreibliche Qual, die den Leib auseinanderzureißen scheint. Aber ich konnte mich nicht entscheiden. Ich musste beides ertragen.

Wegen der schweren Lebensbedingungen im Gefängnis habe ich mehrfach an inneren und äußeren Hämorrhoiden gelitten. Ich wurde nie behandelt und konnte daher die Beschwerden nur mit Wärme lindern, wenn ich denn etwas zum Wärmen hatte. Ich konnte nicht wie ein normaler Mensch gerade stehen oder mich hinsetzen. Jeder Toilettengang wurde zu einer blutigen Tortur.

Im Gefängnis kann man sich nicht ordentlich waschen. Es gibt keine Seife, daher nimmt man ab und zu ein Schälchen Wasser, feuchtet sein Gesicht damit an und trocknet es wieder mit der Kleidung, die man trägt. Weil ich mich nicht einmal richtig abtrocknen konnte, wurde die Haut in meinem Gesicht rissig.

Dazu plagte mich eine Nagelbettentzündung, und das an beiden Händen. Den ganzen Tag eiterten meine Hände und schmerzten, aber die Qual erreichte ihren Höhepunkt in der Nacht. Die Schmerzen waren unbeschreiblich. Ich konnte keine Minute schlafen, sondern quälte mich, während ich mich stöhnend an die Finger fasste. Es gab keine Medikamente oder irgendeine andere Hilfe; ich musste warten, bis mir die Fingernägel ausfielen. So litt ich einige Tage und kam dann ins Krankenhaus. Nachdem man mir die Fingernägel gezogen hatte, lagen die Nerven frei, weshalb die Schmerzen auch in den darauffolgenden Tagen kein Ende nahmen.

Die Zeit verging und wir begrüßten das neue Jahr. An Neujahr herrscht eine lockerere Atmosphäre und die Häftlinge werden nicht so grob behandelt, weshalb man an jenem Tag etwas zur Ruhe findet. Wir sprachen in unseren Zellen über die guten Zeiten und das Essen, das wir früher einmal gegessen hatten, und schwelgten in schönen Erinnerungen. Wir alle waren schon einmal aus Nordkorea herausgekommen und hatten in der Außenwelt Hoffnung geschöpft. Wir ermutigten uns gegenseitig und versprachen einander, dass wir wieder fliehen würden, selbst wenn es uns das Leben kostete.

Manch einer war nicht einmal geflohen, sondern hatte die Freiheit lediglich in südkoreanischen Fernsehserien gesehen. Der Schwarzmarkt mit solchen verbotenen Videos blüht in Nordkorea. Ich machte die Erfahrung, dass es ein großer Unterschied war, mit jemandem zu sprechen, der solche Serien gesehen hatte, als mit solchen, die so etwas nicht kannten. Menschen, die diese Serien gesehen hatten, schienen ein viel ausgeprägteres Unterscheidungsvermögen zwischen dem Wahren und dem Falschen zu haben. Genau das war es, was die Regierung verhindern wollte und weshalb diese Menschen jetzt mit mir im Gefängnis saßen. Sie sollten nie wieder das Lügenkonstrukt des Regimes infrage stellen. Aber hier im Gefängnis wurde ihnen bestätigt, dass diese freie Welt, die sie nur aus den

Videos kannten, tatsächlich existierte. Auch sie würden fliehen, wenn sie ihre Haftzeit überlebten.

An diesem Neujahrstag erschien ein Aufseher im Gefängnis und rief mich heraus. Er führte mich zur Toilette. Am vorherigen Tag hatte er eine Batterie hineinfallen lassen und ich sollte sie wieder herausholen. So stieg ich also am Neujahrsmorgen wieder einmal in das Mistloch und fischte die Batterie aus den Exkrementen heraus. Anschließend reinigte ich sie und gab sie dem Aufseher. Welch unvergessliche Weise, ein neues Jahr zu beginnen!

Das Essen, das man im Gefängnis bekommt, besteht aus drei Löffeln völlig weich gekochtem Mais. An Öl, Fleisch oder etwas Gewürz wie Knoblauch war nicht zu denken. Deshalb bekommt der Körper kaum Nährstoffe und wird noch gebrechlicher. Einer der jungen Männer, die mit mir gefasst worden waren, litt an Durchfall und machte sich deswegen täglich in die Hosen. Wenn man in einem solchen Zustand der Schwäche Durchfall hat, zeigen selbst Medikamente keine Wirkung. Wegen des einen Mannes herrschte ein abscheulicher Gestank in unserer Zelle. Er konnte weder aufstehen noch sich irgendwie bewegen. Ich zog dem jungen Mann die Kleider aus und deckte ihn mit einer Decke zu. Seine Klamotten nahm ich mit nach draußen und wusch sie dort. Nachdem ich die Eisschicht im Wassertank aufgebrochen hatte, ließen sich die Klamotten im eiskalten Wasser nur schwer reinigen, da ich keine Seife hatte, und auch der Geruch ließ sich kaum beseitigen. Später musste ich auch noch die Decke waschen und draußen aufhängen.

Alle, die gemeinsam mit mir verhaftet worden waren, waren dem Winter schutzlos ausgeliefert, da sie nur Sommerklamotten zum Tragen hatten. Wenn man dem jungen Mann, der nun ohne Kleidung und Decke im Gefängnis lag, etwas Gutes tun wollte, hatte man schlichtweg keine Möglichkeit dazu. Mehrmals am Tag holte ich von draußen die T-Shirts, die vor dem Trocknen eingefroren waren, und kleidete ihn um. Die anderen Häftlinge in seiner Zelle brachten ihm nur Verachtung oder Gleichgültigkeit entgegen. Der junge Mann schien dem Tod nahe zu sein.

»Herr, bitte rette ihn. Er ist so ein armer junger Mann. Er hat in jungem Alter seine Eltern verloren. Er kann doch nicht mit 18 Jahren auf diesem Wege sterben! Gott, bitte rette ihn!«

Zum Glück kam der zuständige Polizist von Hamkyŏngbuk-do, um den jungen Mann abzuholen. Als ich mich von ihm verabschiedete, versprachen wir uns, auf jeden Fall am Leben zu bleiben und einander wiederzusehen. Doch danach hörte ich nie wieder von ihm.

In meine Zelle kam ein Junge, der im selben Alter war wie ich, etwa 17 Jahre alt. In China hatte er bei Südkoreanern gearbeitet und sich mit Mühe und Not über Wasser gehalten. Er war schon mehrfach wieder nach Nordkorea abgeschoben worden und hatte diese Prozedur jedes Mal nur knapp überlebt. Daher hatte er sich vorgenommen, in China viel Geld zu verdienen und damit in Nordkorea zu leben. Dafür hatte er Aufträge von chinesischen Kriminellen angenommen und Menschen umgebracht; für jeden ausgeführten Mord hatte er 300 bis 500 Won in chinesischer Währung erhalten. Das sind umgerechnet nur ein paar wenige Cent, mit denen man aber in Nordkorea wenigstens ein paar Tage überleben kann. Ich war schockiert, als er mir von seiner Arbeit erzählte, und es tat mir im Herzen leid, dass jemand so weit hatte gehen müssen.

Überstellung nach Danchŏn

Nach drei Monaten kam der zuständige Polizist aus meinem Heimatbezirk nach Sinŭiju, um mich abzuholen. Als ich mit Handschellen in den vollen Zug stieg, waren alle Blicke auf mich gerichtet. Als die Leute fragten: »Was hat er angerichtet, dass es ihm jetzt so ergeht?«, antwortete der Polizist, dass ich ein in China gefasster Häftling sei. Daraufhin fragten die Menschen: »Wie ist das Leben in China?«, »Isst man dort täglich Fleisch?« und stellten noch mehr Fragen rund ums Essen. Ihr ganzes Interesse war dem Essen und dem Überleben gewidmet, daher schienen sie alle Gerüchte über China, die sie schon einmal gehört hatten, auf ihren Wahrheitsgehalt hin prüfen zu wollen.

Auf dem Weg machten wir Halt in Hŭngnam und der Polizist ließ mich dort im Gefängnis warten, während er seine Schwiegereltern besuchen ging. Ich hatte nichts zu essen und musste zitternd in einem eiskalten Raum auf ihn warten.

Ich erinnere mich noch heute sehr genau, wie ich frierend im Schnee stehen musste und vorgebeugt mit Handschellen von hier nach da gezerrt wurde. Wenn der Polizist aß, musste ich zusehen. Wenn es ein Mittel gab, das wirklich half, Kälte und Hunger durchzustehen, waren das Zigaretten. Ich hatte jahrelang nicht mehr geraucht, doch im Zug bekam ich Zigaretten von den Passanten und rauchte sie. Auch das war natürlich verboten, aber immer wenn der Polizist nicht hinsah, nutzte ich die Gelegenheit zum Rauchen.

Für den Weg von Sinŭiju nach Danchŏn brauchten wir sieben Tage. In meinem Heimatort wohnten meine Großmutter und meine Tante, weshalb ich vorschlug, vor dem Gefängnis noch bei meiner Tante zum Frühstück vorbeizuschauen. Ihr

Mann sagte: »Gib ihm schnell etwas zu essen und schick ihn wieder weg.« Ich aß halb garen Maisbrei in der Küche und wurde anschließend ins polizeiliche Gefängnis gebracht. Dieses Gefängnis war unterirdisch und in den eiskalten Räumen war keine Heizung. Ich wurde in einen Raum gesperrt, der schlimmer als ein feuchter Schuppen war. Vergeblich versuchte ich, die Kälte zu besiegen.

Im polizeilichen Gefängnis bekamen die Häftlinge kein Essen, sondern waren auf die Verpflegung durch Angehörige oder Freunde angewiesen. Doch weil meine Eltern nicht da waren, versorgte mich niemand. Mein Onkel wohnte zu weit weg und meine Tante, die in der Nähe wohnte, kam selbst gerade so über die Runden. Deswegen gab mir ein älterer Häftling, der mich wie einen Sohn betrachtete, immer etwas von dem Essen ab, das ihm seine Mutter zu den Besuchszeiten brachte. Das tat mir zwar leid, aber wenn ich überleben wollte, musste ich bereit sein, mein Gesicht völlig zu verlieren. Seine Mutter hatte selber kein Geld, aber um ihren Sohn am Leben zu erhalten, lieh sie sich etwas und brachte ihm zu essen. »Mein Sohn, was möchtest du diesmal essen?«, fragte sie bei ihrem Besuch. Er wünschte sich Sokdojŏn-Küchlein. Dazu zermahlt man Maiskörner, die man zuvor zu Popcorn verarbeitet hat. Dieses Pulver nennt man Sokdojŏn-Pulver. Mit Wasser gemischt und anschließend zerdrückt, kann es sofort verzehrt werden. Es sind demnach Küchlein aus Popcornmehl. Seine Mutter brachte ihm eine große Menge davon, und er teilte alles mit mir. Aber selbst wenn wir mal mehr zu essen hatten, wurden wir nie richtig satt.

Der Körper des Mannes schwoll nach und nach so an, dass er nicht einmal mehr gehen konnte und ins Krankenhaus musste. Obwohl er unter Aufsicht von Polizisten stand, gelang ihm dort die Flucht. Seitdem habe ich nichts mehr von ihm gehört. Er war für mich wie ein großer Bruder und Vater gewesen, und als ich plötzlich wieder allein im Gefängnis war, weinte ich Tag und Nacht. Niemand kam mich besuchen, ich verbrachte die Zeit einsam in der Kälte und saß zusammengekauert in einer Ecke. Wie viele Tage würde ich so noch durchhalten können? Ohne Nahrung, in Eiseskälte und ganz allein. Ich spürte schon den Tod. Er war in meinen Knochen und in meinen Gedanken. Ich wollte, dass das alles endlich zu Ende ging. Aber gleichzeitig wollte ich leben. Ich wollte ein gutes Leben für Mutter und mich.

Ich nahm meine letzte Kraft zusammen und hämmerte gegen die Tür aus Eisen.

»Ich habe Hunger, bitte gebt mir zu essen. Mir ist kalt, bitte rettet mich.«

Doch keiner reagierte auf meinen Hilferuf. Mutter, wo bist du? Gott, wo bist du? Irgendwann verlor ich das Bewusstsein.

Als ich die Augen wieder öffnete, sah ich, dass Gott meinen Schrei wieder einmal gehört hatte. Ich befand mich im Raum der Polizisten. Dort hatten sie eine elektrische Heizung. Die Polizisten gaben mir etwas von den Essenspaketen ab, die für die anderen Häftlinge kamen. Einige Tage darauf kam meine Tante mit einem Essenspaket zu mir ins Gefängnis.

»Entschuldige, Chŏl. Ich konnte dir bisher kein Essen bringen, weil mein Mann mich nicht ließ. Doch als ich die ganze Zeit weinte, ließ er mich endlich gehen. Von nun an werde ich öfter kommen.« Ich war so dankbar. Meine Tante kam zweimal täglich mit einem Essenspaket zu mir; einmal bevor sie auf den Markt ging und das zweite Mal am Abend. Das, was mir half, die Kälte zu überstehen, war die Aufmerksamkeit eines Menschen und die Essenspakete. Liebe wirkt Wunder und rettet Leben.

Doch schon bald wurde meine neu gewonnene Hoffnung von einer traurigen Nachricht erschüttert. Meine Großmutter hatte aufgehört zu essen, als sie hörte, dass ich im Gefängnis war. Daraufhin sei sie innerhalb weniger Tage verstorben, berichtete mir meine Tante. Meine Großmutter, die mir als Kind nichts von ihrem Mais hatte abgeben wollen, die aber durch mein Zeugnis zum Glauben gekommen war – sie hatte den Gedanken an mein Leiden im Gefängnis nicht ertragen können. Ich weiß, dass wir eine lebendige Hoffnung haben, so wie ich es später Paul sagen würde, bevor er ins politische Gefängnis musste. Ich weiß, wo meine Großmutter jetzt ist. Aber als ich die Nachricht von ihrem Tod erhielt, zog es mir den Boden unter den Füßen weg. Ich fühlte mich schuldig, ohne zu wissen, was ich falsch gemacht hatte. War mein ganzer Fehler, dass ich in Nordkorea geboren worden war und diese 17 Jahre durchgehalten hatte, sodass jetzt ein Mensch meinetwegen gestorben war? Ich sah auch den Preis, den meine Tante für mich zahlte. Ich war allen eine Last und konnte mich selber kaum ertragen. Ob ich nun auf meine Vergangenheit sah oder in die Zukunft blickte, kein Funken Hoffnung war sichtbar. Ich bewahrte ein paar lange Stäbchen auf, mit denen ich mich bei nächster Gelegenheit umbringen wollte. Es schien mir alles keinen Sinn mehr zu haben. Doch Gott hatte andere Pläne. Ich wurde erwischt und meine Stäbchen wurden mir weggenommen.

Dass ich in diesem Buch so genau über mein Leben schreiben kann, liegt wahrscheinlich auch daran, dass ich unzählige Male meinen Lebenslauf niederschreiben musste und mich daher noch besser erinnern kann. Gleichzeitig hoffe ich, dass es jetzt das allerletzte Mal sein wird, dass ich so genau über mein Leben schreiben muss. Die Niederschrift des eigenen Lebenslaufes nennt man »bipansŏ«, und wenn man daraus jede begangene Schuld herausfiltert und für das gerichtliche Protokoll aufschreibt, so nennt man dieses Dokument »jinsulsŏ«. Auch ich sollte 17 Jahre meines Lebens protokollieren und dabei detailliert darauf eingehen, an welchem Tag ich um welche Uhrzeit wen getroffen, was gegessen und was getan hatte.

Jedes Mal, wenn ich mein »Kritikschreiben« verfassen musste, war ich gezwungen, das Schreiben auf Lügen aufzubauen. Da ich in China die Bibel studiert hatte, würde ich in dem Augenblick, in dem ich diese Wahrheit kundtat, geradewegs ins politische Gefängnislager wandern. Weil Nordkorea den Kims wie einem Gott nachfolgt, wird jeder, der an etwas anderes glaubt, mit dem Tod bestraft. Deswegen schrieb ich auf, dass ich wegen der schweren Lebensbedingungen nach China gegangen war und dort auf dem Land gearbeitet hätte. Auf die Frage, ob ich dort nicht in Kontakt mit einer Kirche gekommen sei, gab ich eine undeutliche Antwort und behauptete, nur wenige Male in einer Kirche gewesen zu sein. Daraufhin sollte ich aufschreiben, was ich dort gesehen und gehört hätte. Ich log, dass ich dort nur geschlafen hätte, aber ich wurde mit grausamer Folter bestraft. Ich wurde wieder in den Keller gesperrt und bekam drei Tage lang weder zu essen noch zu trinken. Deswegen versuchte ich es mit etwas mehr Wahrheit. Sie protokollierten jedes meiner Worte, als ich ihnen sagte: »Gott ist Liebe. Und wenn man an Gott glaubt, kommt man in den Himmel. Und Nordkorea geht es so schlecht, weil es nicht an Gott glaubt. Das ist alles, woran ich mich noch erinnern kann.« Beim anschließenden Verhör behandelten sie mich, als hätten sie den größten Kriminellen vor sich, und meinten triumphierend, einen staatsfeindlichen

Reaktionär gefasst zu haben. Sie steckten mich bis zu meinem gerichtlichen Urteil in die Besserungsanstalt in Danchŏn.

Diese Besserungsanstalt war das schlimmste aller Gefängnisse, die ich erlebt habe. Die Häftlinge dort waren alle kahl geschoren und warteten darauf, dass ihr Urteil zum Aufenthalt im Umerziehungslager vollzogen würde. Doch viele Menschen ließen schon im Gefängnis ihr Leben, bevor sie ins Umerziehungslager gebracht werden konnten. Es war ein Ort, an dem ein Mensch im Durchschnitt nicht länger als einen Monat überleben konnte. Beim Hinein- und Hinausgehen musste man sich hinknien und rückwärts krabbeln, und auch die Türen der Gefängniszellen glichen einer Hundeklappe, durch die man auf allen vieren kriechen musste.

Selbstverständlich gab es dort auch Zellensprecher und unter den Häftlingen kam es ebenfalls zu unmenschlicher Ausbeutung. Verglichen mit allen Gefängnissen, in denen ich bis dahin gewesen war, war die Besserungsanstalt von Danchŏn die allerschlimmste. Wenn man sich ein kleines Stück bewegte, gab es zunächst eine Kollektivstrafe, und dann musste sich der Schuldige ein bis zwei Stunden an das Fenster mit Eisengittern hängen. Man konnte sich nicht mit den Füßen abstützen und musste sich allein mit den Händen und Armen hochziehen und festhalten. Wenn man es nicht schaffte, seine Strafe »abzuhängen«, wurde man halb tot geprügelt und musste es erneut versuchen.

Wenn man zur Essenszeit von Zelle 1 bis 5 »Herr, Zelle Nr. X ist bereit zum Essen« durchgesagt hatte, wurden Teller mit einem Löffel Essen gebracht. Die Teller waren aufeinander gestapelt und ich nahm nichts ahnend den obersten Teller ab. Als das darunterliegende Essen an der Unterseite meines Tellers kleben blieb, brüllte der Aufseher:»Diese Ratte will das Essen der anderen klauen?! He, Zellensprecher, nimm dieser Ratte das Essen weg.« Mir wurde mein Essen aus der Hand gerissen und ich wurde halb totgeschlagen. Später fand ich heraus, dass ich den Teller zuerst leicht hin- und herdrehen und dann heben musste, damit das Essen nicht darunter haften blieb.

Wir unterscheiden in Nordkorea zwischen zwei Hauptkategorien von Straflagern. Das eine sind die Umerziehungslager, das andere die politischen Gefängnislager. Die grausamen Haftbedingungen sind in beiden ähnlich. Viele Insassen sterben schon nach wenigen Wochen unter der harten Arbeit, Schlägen und Unterernährung. Aber im Umerziehungslager hat man einen Entlassungstermin, zu dem man wieder freigelassen wird – wenn man es schafft, so lange durchzuhalten. Aus den politischen Gefängnislagern wurde noch nie jemand lebend entlassen. Verschiedene Schätzungen gehen davon aus, dass in den nordkoreanischen Straflagern etwa 200 000 Menschen ohne Hoffnung auf Entlassung inhaftiert sind. Täglich sterben Menschen, und täglich kommen neue hinzu. In den politischen Gefängnislagern wird häufig eine Sippenhaft praktiziert. Ein Straftäter, der zum Beispiel zu Gott gebetet oder wie der Großvater meines Stiefvaters ein Bild der Kims beschädigt hat, wird dann mit seiner ganzen Familie eingesperrt, manchmal drei Generationen. Denn Kim Il Sung soll 1972 gesagt haben, dass Klassenfeinde bis in die dritte Generation ausgeschaltet werden müssten. Sie bekommen keinen Prozess und haben keine Rechte. Manchmal werden Menschen nachts aus ihren Häusern oder auf der Straße verhaftet und sie erfahren nicht, was ihr Verbrechen war.

Ich befand mich nun sozusagen im Vorhof eines Umerziehungslagers. Davon gibt es 15 bis 20 in Nordkorea mit meist mehreren Tausend Gefangenen pro Lager. In der Besserungsanstalt von Danchŏn hielt ich einen Monat durch. Dann wurde ich zu einem Jahr im Arbeits- und Trainingslager Nr. 55 in Yŏng'gwang'gun, Hamhŭng, Hamkyŏngnamdo, kurz »Oro« genannt, verurteilt. Das ist die Abkürzung für den Namen des Lagers »Osib'o-ho Rodongdanlyŏndae«. Dieses Lager war ein berüchtigtes Gefängnis. Die Häftlinge leisteten dort einige Monate Schwerstarbeit, bevor sie starben. Vielleicht hatte ich eine noch grausamere Strafe als die Todesstrafe bekommen. Weil ich zu dem Zeitpunkt schon acht Monate in Gefängnissen verbracht hatte, hatte ich bereits einen Zustand erreicht, den man als »Gebrechen zweiten Grades« einstufte. In Nordkorea werden die Folgeerscheinungen von Unterernährung in drei Stadien eingeteilt. Ein Blick auf das Hinterteil eines Menschen gibt Auskunft darüber: Wenn noch etwas Fleisch daran ist, spricht man von Gebrechen ersten Grades; was darüber hinausgeht, ist Gebrechen zweiten Grades. Im dritten Grad steht der Mensch kurz vor dem Tod und befindet sich im schlimmstmöglichen Zustand, sodass er sich aus dem Liegen nicht mehr ohne Hilfe aufrichten kann. Ich konnte meinen Körper kaum noch aus eigener Kraft aufrecht halten. Es war klar, dass ich in diesem Zustand nicht lange im Oro überleben würde. Ich musste damit rechnen, an diesem Ort mein Leben zu lassen.

Da es wohl das letzte Mal werden würde, half mir der zuständige Polizist, meine Tante zu treffen. Als sie benachrichtigt wurde, dass ich ins Oro kommen würde, schlachtete sie den Hund, den sie zu Hause hielten, und brachte mir dazu zwei Kilo Reis. Ich aß den Hund und den Reis vollständig auf. Ohne das Wissen ihres Mannes steckte sie außerdem dem zuständigen Polizisten Zigaretten und etwas Geld zu und bat ihn: »Chŏl ist schon so gebrechlich, dass er in dem jetzigen Zustand nicht einen Monat überleben kann. Bitte setzen Sie sich doch dafür ein, dass er im Oro eine möglichst leichte Aufgabe bekommen kann.«

Die wenigen Leute, die lebend wieder aus dem Oro herauskommen, waren diejenigen, die während ihres Aufenthaltes dort regelmäßig Besuch von engen Freunden bekamen. Daher war es von Anfang an nahezu ausgeschlossen, dass ich mit Gebrechen zweiten Grades und ohne Besuch lebend zurückkommen würde. Damals war ich 1,67 Meter groß und wog 42 Kilo; ich bestand also nur noch aus Haut und Knochen. Wenn ich in den Spiegel sah, erkannte ich mich nicht wieder und mein eigener Anblick jagte mir Angst ein. Ich hätte am liebsten laut losgeweint, aber ich hielt meine Tränen zurück, weil ich meiner Tante, die ich vielleicht zum letzten Mal sah, nicht noch mehr wehtun wollte, indem ich meine schwache Seite zeigte.

»Tante, ich werde auf jeden Fall lebend zurückkommen. Ich werde auch Mutter wiederfinden und ein gutes Leben mit ihr haben. Mach dir also keinen zu großen Kummer.«

Ich umarmte meine Tante ganz fest und weinte im Herzen Tränen aus Blut. Als ich in den Zug stieg, weinte sie unentwegt.

Es gab etwas, das sie mir verschwiegen hatte.

Eine schreckliche Nachricht

Im Zug fragte mich der Polizist, ob ich keine Neuigkeiten von meiner Tante erfahren hätte. Er hätte von einem anderen Polizisten etwas über den Verbleib meiner Mutter erfahren und würde mir daher die Information weitergeben. Ich horchte auf. Nun würde ich nach langer Zeit endlich wieder etwas von Mutter hören, und vielleicht könnte ich ihr auf diesem Weg auch eine Nachricht zukommen lassen.

Das letzte Mal, dass ich meine Mutter gesehen hatte, war im April 2001 gewesen. Damals hatten wir uns nach langer Zeit als Familie wiedergesehen und eine Nacht gemeinsam verbracht. Dann hatten wir uns wegen der Gefahr, entdeckt zu werden, wieder getrennt und Mutter war als Haushaltshilfe bei einer chosŏnstämmigen Familie in China für 700 Won im Monat arbeiten gegangen.

Im Jahr 2002 war ich auf der Suche nach ihr zu dieser Familie nach Yŏngil gegangen. Ich hatte erfahren, dass sie Mutter bei der Behörde für öffentliche Sicherheit angezeigt hatten, woraufhin sie verhaftet und nach Nordkorea abgeschoben worden war. Von dort war sie wieder nach China geflohen. Um nach Yŏngil zu kommen, ging sie über die Berge, doch ihre Füße erfroren auf dem Weg. Sie verfärbten sich nach und nach schwarz und man hätte sie amputieren müssen, aber niemand half ihr. Danach hatte man nichts mehr von ihr gehört. Bis jetzt.

Der Polizist begann zu erzählen. Meine Mutter war in China wieder verhaftet worden. Bei ihrer Abschiebung nach Nordkorea hatte sie versucht zu fliehen. Wahrscheinlich hatte sie geahnt, dass sie die Behandlung in Nordkorea nicht noch einmal überleben würde. Deswegen hatte sie auf dem Weg nach einer Fluchtmöglichkeit gesucht. Schließlich war sie von einem fahrenden Zug gesprungen. So war sie ums Leben gekommen.

Mutter – das durfte nicht wahr sein. In mir brach eine Welt zusammen. Sie war zwar weit weg gewesen, aber sie hatte mich am Leben gehalten. Wenn ich nur einen Wunsch gehabt hatte, war es, mit Mutter zu leben, auch wenn wir uns nur von trüber Suppe ernähren würden. Wenn dieser Traum so plötzlich zerbarst, war meine Hoffnung dahin. Hatte ich eben noch gehofft, durch ein Wunder das Oro zu überleben, wollte ich jetzt am liebsten meinem Leben selbst ein Ende setzen. Wann immer sich die Gelegenheit bot, überkam mich der Drang zum Selbstmord und mein Verstand trübte sich. Mehr als jedes Leid, das mir bis dahin widerfahren war, fügte mir die Nachricht über den Tod meiner Mutter den größten Schmerz zu.

Mehr als für alles andere hatte ich immer für Mutter gebetet. Ich konnte Gott nicht verzeihen.

Alle Farbe war aus meinem Leben gewichen, alles war grau. Aber ich lebte noch. Am 28. Februar 2004 kam ich um zwei Uhr nachts am Bahnhof in Hamhŭng an. Weil die Frau des zuständigen Polizisten in dieser Stadt wohnte, wollte er die Nacht dort verbringen und erst am Morgen zum Oro gehen. Mit angelegten Handschellen folgte ich ihm. Der Polizist schloss mich mit den Handschellen an einer Karre an und ging ins Haus. Ich musste die kalte Winternacht im Freien verbringen. Ich konnte mich nicht einmal hinsetzen und musste sechs Stunden stehend auf den Polizisten warten. Als Erstes begannen meine Füße einzufrieren und es bildeten sich Gase in meinem Inneren, sodass mein Bauch anzuschwellen begann. Es war einer der Momente, in denen ich sehr deutlich spürte, dass ich meinen Körper schon nicht mehr unter Kontrolle hatte. Ich glaubte zu sterben, doch das war kein Grund, schlafende Menschen zu wecken. Erst am Morgen kam der Polizist aus dem Haus und ich musste mich humpelnd ohne ein Frühstück zum Bus schleppen, obwohl meine Füße eigentlich schon nicht mehr in der Lage waren, mich zu tragen. Mit dem Bus fuhren wir zum Arbeits- und Trainingslager Nr. 55 in Yŏng'gwang'gun. Bevor ich ins Oro kam, musste ich zuerst in eine medizinische Einrichtung gehen. Um für das Oro zugelassen zu werden, bedurfte es zuvor einer ärztlichen Untersuchung. Unterernährte Menschen wurden generell nicht angenommen, da diese keinen ganzen Monat im Lager durchhielten und starben. Weil die Lagerbetreiber bei einem Todesfall die Verantwortung übernehmen mussten, ließen sie solche Menschen erst einmal etwas zu Kräften kommen, bevor sie sie ins Gefängnis schickten. Ich wurde wieder in Gebrechen zweiten Grades eingestuft und erfüllte daher eigentlich nicht die gesundheitlichen Voraussetzungen für eine Aufnahme ins Gefängnis. Doch der zuständige Polizist steckte dem Arzt das Geld und die Zigaretten meiner Tante zu und sagte: »Dieser Junge hat keinen Beschützer und wird daher keine Probleme machen. Wenn man ihn freilässt, wird er wahrscheinlich wieder nach China flüchten und noch mehr Probleme machen. Wenn er stirbt, soll er im Gefängnis sterben.«

Ich würde also wirklich bald sterben. Der Tod war nicht mehr weit, nur noch einen Schritt von mir entfernt. Vielleicht würde das meine Erlösung sein, aber etwas in mir wollte immer noch leben. Ich sah in den Spiegel. Es war das Gesicht einer fremden Person. Mein eigener Anblick, der einem mit Haut überzogenen Skelett glich, erschreckte mich. Und mir kam der Gedanke, dass ich nichts anderes mehr tun konnte, als zu beten. Ich wusste, dass das der einzige Weg war, um lebend wieder hinauszukommen. Nein, selbst wenn ich tot hinauskam, wusste ich, dass das Gebet meine letzte Chance war. »Gott, bitte rette mich. Ich will leben!«, betete ich innerlich. Der verzweifelte Wunsch zu leben ließ mich flehen und flehen. Ich war voller Hass mir selbst gegenüber, da mir die Kraft fehlte, auch nur eine Treppenstufe zu erklimmen, und ich fand mich nur noch erbärmlich, wie ich mich selbst in jenem Zustand ans Leben klammerte. Mir hatte einst jemand gesagt, dass Leid ein Segen von den Göttern war. Das wollte ich nicht akzeptieren. Auch wenn das keinen Unterschied mehr für mich machte, wollte ich solche Worte nicht einmal hören. Ich hatte alles verloren, doch eines sollte mir niemand nehmen – und das war Gott selbst.

Im Arbeits- und Trainingslager Nr. 55

Mit eisernem Griff führten mich die Polizisten ins Oro hinein. Als sich die riesigen Eisentore öffneten, sah ich Häftlinge unbekleidet in der Sonne sitzen, die sich die Läuse von ihren Leibern aus Haut und Knochen fingen. Sie waren so mager und rein äußerlich nur schwer von Affen zu unterscheiden. Sie starrten mich mit einem fremdartigen Blick an und auch ich musterte jeden Einzelnen, der Teil einer mir neuen und unbekannten Welt war. Als die Menschen im Gefängnis mich sahen, sagten sie mir:»So wie du hier ankommst, musst du wohl direkt zum Dongjungni.« Später erfuhr ich, dass diejenigen, die im Gefängnis starben, in einen Sack gesteckt und im Dongjungni-Tal vergraben wurden. Damit hatten die Gefangenen also gemeint, dass ich nicht lange überleben würde. Je öfter ich solche Kommentare am Tag hörte, desto mehr wollte ich leben und betete um Rettung.

Nach meiner Ankunft war ich die ersten 20 Tage Teil der Neuankömmlingsgruppe, in der man die Regeln für das Lagerleben lernte und an der sogenannten Thesenlehre teilnahm. In diesen Lehrveranstaltungen lernt man Abschnitte aus den Worten der Kims auswendig, also Sätze wie: »Der große Führer und Oberbefehlshaber sprach: Der Mensch muss ehrlich und gewissenhaft leben, selbst wenn er nur einen Tag lebt«, oder »Man sei sich bewusst, dass jeder Herr über sich selbst ist und strikt für sich selbst sorgen muss.« Die Lagerregeln beinhalteten Bestimmungen wie: »Wenn man einen Aufseher trifft, begibt man sich mit gesenktem Haupt auf die rechte Seite.« Wer diese Grundsätze nicht auswendig lernte oder sich nicht an sie hielt, wurde als Verräter angesehen. Daher waren alle gezwungen, sich bedingungslos zu unterwerfen.

Bei meiner Ankunft im Lager trug ich die Schuhe, die ich schon seit meiner Zeit in China gehabt hatte, und die Kleidung, die mir meine Tante gegeben hatte. Im Gefängnis waren selbst diese Sachen wie Neuware. Es kamen Häftlinge, die vor ihrer Entlassung standen, und wollten meine Kleidung für ihre Entlassung gegen etwas Maismehl oder Reisbrei tauschen. Ich tauschte meine Klamotten mit den abgenutzten, löchrigen Lumpen der Gefangenen und erhielt zwar das versprochene Maismehl, aber nur eine Handvoll anstelle der vereinbarten 600 Gramm. Da wir jedoch keine Waage hatten, musste ich diese Menge akzeptieren. Um auch nur eine Stunde länger durchzuhalten, musste ich jede Möglichkeit zum Essen nutzen.

Der Alltag im Oro spielt sich wie folgt ab: Um sechs Uhr morgens stehen die Häftlinge auf und versammeln sich auf dem Hof, wo sie Übungen machen. Vor den Übungen müssen sie mehrfach folgenden Satz ausrufen: »Flucht ist der direkte Weg zur Selbstzerstörung!« Um sieben Uhr gibt es eine kleine Portion Danjibab, also Reisbrei zu essen und um acht Uhr machen sich die Häftlinge an ihre Arbeit. Um 12 Uhr gibt es Mittagessen und ab 13 Uhr wird die Arbeit wieder aufgenommen. Von 17 bis 18.30 Uhr findet die Tagesversammlung statt und um 19 Uhr gibt es Abendessen. Von 20 bis 22 Uhr nehmen die Häftlinge an der Thesenlehre teil und singen Lieder der Propaganda, die im Gefängnis erlaubt sind. Nach der Lehrveranstaltung gehen sie um 22 Uhr schlafen.

Im Gefängnis ist es verboten, abgesehen von den ausdrücklich genehmigten Liedern irgendetwas zu singen oder zu lachen, und man muss zu jeder Zeit mit leiser und gesenkter Stimme sprechen. Jede zweite Woche werden allen Häftlingen die Köpfe rasiert. Außerdem darf sich keiner ohne die Erlaubnis des Aufsehers hinsetzen oder ausruhen; allgemein hat man überhaupt keine Freiheiten an diesem Ort. Doch schlimmer noch als die Kontrolle durch die Aufseher ist die Überwachung durch die Gruppensprecher und die Hauptaufsicht. Das sind ebenfalls Häftlinge, die zu ihrem Amt ausgewählt worden sind. Die Häftlinge bewachen sich demnach gegenseitig und werden zusätzlich noch von den offiziellen Aufsehern überwacht. Wenn man auch nur ein falsches Wort sagt, wird es sofort dem Aufseher gemeldet und bei der Tagesversammlung wird man öffentlich kritisiert, was Prügel und weitere Strafen zur Folge hat.

Einmal im Monat gibt es eine Zeit, in der man ein »Geständnis zusätzlicher Vergehen« und eine schriftliche Entschuldigung schreiben muss. Im ersten Dokument schreibt man über eigene Vergehen, die man bisher geheim gehalten hat, und darf heimliche Vergehen anderer nennen, und im Entschuldigungsschreiben notiert man noch mal alle Fehler, die man gemacht hat. Da ich in diesen Zeiten nichts zu gestehen hatte, versuchte ich, irgendetwas aus mir herauszupressen, und schrieb es dann nieder. Doch einmal hatten scheinbar die Häftlinge, denen ich von China erzählt hatte, über mich geschrieben und sich noch Sachen dazu ausgedacht. Ich hatte ihnen lediglich über China erzählt, weil sie mich danach gefragt hatten, aber der Aufseher bekam irgendwie davon Wind und rief mich zu sich. Er fragte mich, warum ich die anderen Häftlinge mit dem Geist des Kapitalismus infizieren würde und sie zu einer gemeinsamen Flucht nach China überreden wolle. Obwohl ich ihm die Wahrheit beteuerte, bekam ich eine Essenstrafe und wurde als Sonderhäftling eingestuft, der unter strenger Beobachtung stehen sollte. Danach nahm ich mir vor, meinen Mund zu halten. Es war gefährlich, jemandem zu vertrauen, selbst den Leidensgenossen.

Das Gefängnis hat drei Abteilungen; die erste Abteilung hat acht Gruppen, die zweite vier und die dritte drei, wenn ich mich recht erinnere. Eine Gruppe besteht aus etwa 60 bis 70 Häftlingen. Für das Prinzip der gegenseitigen Überwachung hat jede Gruppe einen Gruppensprecher, eine Hauptaufsicht, acht Assistenzaufsichten und acht Teamleiter.

In die erste Abteilung kommen die neuen Häftlinge. In die zweite Abteilung, die als »Wiedergeburtsgruppe« bezeichnet wird, kommen jene Häftlinge, die zum wiederholten Male aufgrund eines Verbrechens ins Lager kommen. Sie müssen unter noch strengeren und härteren Bedingungen arbeiten. Die dritte Abteilung befindet sich in Dongjungni.

Ich selbst war in Gruppe 8 der ersten Abteilung. In diese Gruppe kamen hauptsächlich illegale Grenzgänger und die Häftlinge bekamen vergleichsweise wenig Besuch. Dementsprechend war die Gruppe dafür bekannt, dass ihre Mitglieder am schnellsten starben. In der Gruppe war einer wie der andere in China verhaftet und nach Nordkorea abgeschoben worden. In den meisten Fällen hatte zuerst die Ehefrau ihren Mann und die Kinder zurückgelassen, um nach China zu gehen. Wenn diese nach langem Warten nicht zurückkehrte, machte sich der Mann auf den Weg nach China. Diejenigen, die ihre Frau nicht fanden, suchten sich Arbeit in China, um etwas Geld mit nach Nordkorea nehmen zu können. Doch viele bekamen für ihre Arbeit statt des versprochenen Lohnes eine Anzeige und wurden nach Nordkorea abgeschoben.

Ich lebte im Lager mit den verschiedensten Menschen zusammen, aber wir alle hatten eines gemeinsam: Wir hatten eine Welt gesehen, in der der Mensch leben konnte. Dafür, dass wir von diesem Leben gekostet hatten, wenn auch nur ganz kurz, mussten wir nun eine Strafe absitzen, die viele nicht überleben würden. Doch wenn wir lebendig wieder hinauskämen, würden wir auf alle Fälle wieder unser Leben aufs Spiel setzen, um aus Nordkorea zu fliehen. Ich denke, das ging uns allen so. Ich musste mit ansehen, wie in kurzen Abständen einer nach dem anderen tot aus dem Lager getragen wurde.

»Gott, bitte rette mich!«

Morgens um acht Uhr ging ich mit einer Tragematte aus Pappkarton, einer Schaufel und einer Spitzhacke zur Arbeit hinaus. Vor und hinter unserer Kolonne liefen die Assistenzaufsichten, und wir wurden von unserem Gruppensprecher, der Hauptaufsicht, einem Aufseher mit Schießgewehr und einem Polizisten mit Pistole begleitet. Unser Arbeitsplatz war das Flussbett vor den Eisentoren des Gefängnisses. Wir mussten den Kies und den Sand im Flussbett zu einem Damm anhäufen.

Ob die Arbeit irgendeinen Sinn hatte, weiß ich nicht. Einerseits spielt die Zwangsarbeit von Hunderttausenden Gefangenen für die marode nordkoreanische Wirtschaft eine bedeutende Rolle, besonders in der Landwirtschaft und in Bergwerken und Minen. Andererseits wird im ganzen Land viel Kraft in unnötige Arbeitsbeschaffungsmaßnahmen gesteckt, damit die Leute nur irgendwie beschäftigt sind. Oft sieht man Kolonnen von Büroangestellten beim Schneeschippen auf unbefahrenen Straßen, weil es in ihrer Firma gerade weder Strom noch Papier noch Aufträge gibt. Aber in einem sozialistischen Land muss jeder Arbeit haben, und so werden grundlos Steine von A nach B und wieder zurückgetragen.

Da mein Körper nach wie vor schwach war, hatte ich keine Kraft, die Tragematte zu heben und zu gehen. Dann wurde ich von hinten getreten und mit einer spitzen Latte vorwärtsgestoßen. Ich hatte keine Kraft, aber auch keine Wahl. Ich musste arbeiten. Auf Schmerzen oder Schwäche wurde keinerlei Rücksicht genommen. Bei jedem Schritt begleitete mich ein Gebet, der Schrei meines Herzens: »Gott, bitte rette mich!« Viel mehr konnte ich weder beten noch denken, aber es reichte, um mir immer wieder Kraft für den nächsten Schritt, die nächste Stunde, den nächsten Tag zu geben.

Jeder musste am Tag ein Soll von 80 Transporten Erde und Sand erfüllen. Das war unmöglich zu schaffen, wenn man beim Transportieren ging – man musste rennen. Weil mein Körper so geschwächt war, konnte ich selbst im Mai oder Juni die gefütterte Winterjacke nicht ablegen. Auch wenn ich warme Kleidung trug, war mir kalt. Wenn man die Arbeit beendet hatte und zurückkehrte, musste man die Thesenlehre als Abendveranstaltung besuchen und die Inhalte, die man in der Einweisungszeit auswendig gelernt hatte, wiederholen. Nachdem man den ganzen Tag geschuftet hatte, war der Körper erschöpft, und während der Abendveranstaltung in Korrekturhaltung schien sich die Zeit ewig zu ziehen. Auch hier, zwischen Kälte, Schmerz, Drill und Propaganda, während die Worte der Kims in unsere Ohren und über unsere Lippen drangen, wiederholte mein Geist nur diesen einen Satz: Gott, bitte rette mich!

Eines Tages wurden die weiblichen Flüchtlinge in Dongjungni ins Gefängnis Nr. 11 von Jŭngsan verlegt, woraufhin meine Gruppe nach Dongjungni umquartiert wurde. Zu der Zeit befand ich mich zwar in der »Gruppe der Gebrechlichen«, aber auch ich wurde nach Dongjungni gebracht. Als ich dort ankam, war die Jahreszeit zum Säen und ersten Unkrautjäten. Die Häftlinge steckten sich heimlich, wenn die Aufseher nicht aufpassten, das Saatgut in den Mund. Auch ich nahm die Schläge in Kauf und aß unzählige Male davon. Während man auf die Felder hinausging, musste man in einer Reihe marschieren, aber wenn man auf der kurzen Strecke ein Maiskorn oder eine Bohne auf dem Boden sah, ließ man sie keinesfalls liegen, sondern verzehrte sie an Ort und Stelle. Sogar aus dem Kuhmist fischten wir einzelne Maiskörner heraus und aßen sie.

Wir gingen also hinaus und befreiten die Felder von Unkraut, aber wenn wir am nächsten Tag wiederkamen, waren die Felder wieder voll davon. Da die Häftlinge keine Kraft hatten, entfernten sie das Unkraut nicht samt der Wurzel, sondern rissen nur das Kraut ab. Deswegen wuchs es im Handumdrehen wieder nach.

Wenn man auf dem Maisfeld einen Grünfrosch fand, fing man ihn zum Essen. Nachdem man den Frosch gefangen hatte, häutete man ihn und nahm nur die Gedärme heraus, bevor man ihn roh verzehrte. Neben Fröschen fingen und aßen wir auch Heuschrecken, Libellen, Kokons an Bäumen und Schlangen, wann immer wir welche fanden. Und natürlich aßen wir auch Gräser. Es gab dabei viele, die versehentlich giftige Gräser aßen und daran starben. Ich hatte von klein auf mit Mutter Gräser gegessen, weshalb ich keine Probleme damit hatte.

Häftlinge, die neu ins Gefängnis kamen, konnten unser Verhalten nicht nachvollziehen und lachten uns aus. Doch es musste nicht einmal ein Monat vergehen, bis sie anfingen, dasselbe zu tun. Viele starben, bevor der erste Monat vorbei war. Doch der Wunsch, durch das Eisentor in die Freiheit hinauszugehen, verblasste während der gesamten Zeit nicht ein bisschen; egal, wie schwach man ist und wie nah der Tod auch sein mag, bleibt der Wunsch bis zum letzten Augenblick.

Andererseits gab es nicht wenige, die Selbstmord begingen. Wenn man ins Oro kommt, ist die körperliche Verfassung letzten Endes zweitrangig; denn wenn man sich einmal geistig gehen lässt, hält man nur wenige Tage durch und stirbt. Unterernährung und Krankheiten waren die Hauptursache für den Tod im Oro, doch die zweithäufigste Ursache war der psychische Zusammenbruch, dem kurz darauf der Tod entweder auf natürliche Weise oder durch Selbstmord folgte. Ein koreanisches Sprichwort besagt: »Selbst wenn dich der Tiger in seine Höhle geschleppt hat, kannst du überleben, wenn du nüchtern im Geist bleibst.« So wollte auch ich unbedingt lebend durch die Eisentore hinausgehen. Gott, bitte rette mich, bitte rette mich!

Es kam der Tag, an dem mein Körper so schwach war, dass ich nicht mehr zur Arbeit hinausgehen konnte. Ich war nicht mehr in der Lage, aufzustehen und einige wenige Schritte zu gehen. Solche Menschen steckte man in einen gesonderten Raum für die sogenannte »Gruppe der Gebrechlichen«. In dieser Gruppe aß man morgens, mittags und abends, lag oder saß herum und war innerhalb des Raumes frei. Denn an jenem Ort waren nur die Menschen versammelt, die auf den Tod warteten.

Nachdem die arbeitenden Häftlinge gegessen hatten, nahmen sie die Menschen aus der Gruppe der Gebrechlichen und schleppten sie in die Kantine. Denjenigen, die es nicht einmal mehr zur Kantine schafften, musste man das Essen bringen. Weil die Mengen des Essens so gering waren, betrieben die Häftlinge ein Verfahren, das wir »gehäuftes Essen« nannten. Bei jenem Verfahren tun sich drei Häftlinge zusammen und essen jeder nur noch eine Mahlzeit am Tag, die dafür aber größer ist und satt macht. Die Häftlinge taten das aus dem gemeinsamen Wunsch, vor dem Sterben noch einmal satt zu werden. Wenn man also zu einer Mahlzeit gut zu essen hatte, hungerte man die darauffolgenden zwei Mahlzeiten. Auch ich tat mich mit zwei anderen Häftlingen zusammen und es war wirklich schön, wenn ich mit dem Essen dran war, doch die restliche Zeit ohne Essen war sehr hart.

In der Gruppe der Gebrechlichen wimmelte es von Krankheitserregern. Weil das Immunsystem der Häftlinge dort vollends geschwächt war, waren sie allerlei Krankheiten hilflos ausgeliefert. Auch ich bildete keine Ausnahme. Ich hatte Krätze am ganzen Körper, auch auf Händen und Bauch. Ich sah wirklich grässlich aus. Die Stellen bluteten vom vielen Kratzen. Um die Stellen zu behandeln, tauschte ich sogar mein Essen gegen Schwefel, aber es brachte nichts.

So verbrachte ich sechs Monate lang die Nächte unter Schmerz und Tränen. Es war eine körperliche und psychische Qual, die mit Worten nicht zu beschreiben ist. Es war, als wäre ich lebend in die Hölle gekommen. Weil die Qual so unerträglich war, schien mir der schnelle Tod fast die bessere Alternative zu sein. Gott, oh Gott, bitte rette mich!

Doch wenn es einem lebenden Menschen einfacher scheint zu sterben, so will ein Mensch, der direkt vor dem Tod steht, weiterleben, und sei es nur eine Sekunde länger. Auch ich klammerte mich an das Leben, während ich unter den Sterbenden in der Gruppe der Gebrechlichen lag. Wenn ich jetzt an die damalige Situation zurückdenke, kann ich die Gefühle, die ich hatte, unmöglich in Worte fassen. Ich kann nicht sagen, dass ich sicher war, dass Gott mich retten würde. Aber ich wusste, dass er es konnte. Deswegen setzte ich all meine Hoffnung auf ihn. Gott, bitte rette mich!

Das Essen, das im Gefängnis ausgegeben wird, heißt Danjibab oder auch Gadabab. Es besteht aus Reisbrei mit Bohnen, den man in eine Form presst und abkühlen lässt. Eigentlich sollte es in etwa 120 kleine Bohnen enthalten, aber in der Realität war das ein besonderer Ausnahmefall und normalerweise erhielten wir nur sehr geringe Mengen an Essen. Da das Essen für die Häftlinge gedacht war, bestand kein Grund, die Zutaten gründlich zu waschen, weshalb im Essen viele Steine und Stroh waren. Die Suppen, die man uns kochte, waren hauptsächlich aus altem Kohl. Obwohl die Suppe unangenehm roch, wollte ich selbst davon viel essen, weil ich so hungrig war. An Essensbeilagen, Fleisch, Öl und Gewürze konnte ich nicht einmal im Traum denken.

Etwa einmal im Monat gab es einen Tag, an dem Besuch zugelassen wurde. Ich selbst hatte nie Besucher empfangen und war daher auch nie auf dem Besuchsplatz gewesen, aber ich hörte, dass man seine Besucher kurz sehen durfte, dann schnell das Essenspaket von ihnen verzehrte und mit dem Sokdojŏn-Pulver, das man erhalten hatte, wieder zurückkam. Das Pulver sammelten die Aufseher ein und brachten es in die Speisekammer. Diejenigen, die einen Vorrat hatten, wurden gesondert zum Mittagessen aufgerufen, damit sie ein bisschen davon in Wasser gelöst zu sich nehmen konnten. Diese Häftlinge saßen beim Essen getrennt von allen anderen, die nichts in der Speisekammer hatten, und aßen die zwei Löffel Essen vom Gefängnis und ihre »Speise«. Wenn ich das Sokdojŏn-Pulver roch und nur zusehen konnte, wie die anderen Häftlinge davon aßen, dachte ich grimmig: »Wenn ich hier lebendig herauskomme, werde ich so viel Gebäck aus diesem Mistpulver essen, dass ich davon platze!« Doch es gab fortwährend Häftlinge, die verhungerten, obwohl sie die zusätzliche Speise hatten. Ich lebte immer noch, obwohl mich niemand besuchte. Mein Beistand war Gott, und er kam nicht einmal in der Woche, sondern er war immer da, und er gab mir mehr als nur Sokdojŏn-Pulver.

Ich werde nie die Häftlinge vergessen, die ihr Pulvergemisch aßen und mir dann heimlich einen ganzen Löffel davon auf ihrem Tablett zuschoben. Der Hunger war auch für sie unerträglich. Mitmenschlichkeit wurde uns mit allen Mitteln ausgetrieben. Ich sah aus, als würde ich sowieso nur noch wenige Stunden leben. Dass manche mir dennoch etwas von ihrer Essensration abgaben, ist ein großes Wunder. Gott hatte ihre Herzen dazu bewegt, etwas Undenkbares zu tun.

In der Nähe der Speisekammer gab es manchmal Ratten. Im Gefängnis hat das Fleisch einer Ratte verhältnismäßig so viele Proteine wie das Fleisch eines ganzen Schweins außerhalb vom Gefängnis, weshalb es für die Häftlinge als Essen erster Klasse galt. Eines Tages entdeckten mehrere Häftlinge eine Ratte und stürzten sich allesamt auf sie. Schließlich gelang es einem jungen Mann, sie zu fangen. Ihm war es selbst um die Haut der Ratte zu schade, weshalb er die Haare ausriss und nur die Gedärme herausnahm, bevor er das rohe Rattenfleisch verschlang. Er gab mir ein Stück von dem Bein ab und ich kann nicht beschreiben, wie lecker das war. Nicht einmal mit leckerem Hühnerfleisch ließ es sich vergleichen – ich hatte noch nie etwas Besseres gegessen.

Ich hatte einen Bekannten, der gemeinsam mit mir im Februar wegen illegaler Grenzüberquerung ins Lager gekommen war. Bei unserer gemeinsamen Ankunft hatte er mir gesagt, dass ich wahrscheinlich nach kurzer Zeit sterben würde, doch er selbst hielt keine zwei Monate durch und starb. Wenn Häftlinge Durchfall bekommen, sterben sie meist nach wenigen Tagen. Wenn der Körper geschwächt ist, zeigen gewöhnliche Medikamente keine Wirkung, weshalb die Polizisten den Häftlingen, die kurz vor dem Tod stehen, manchmal etwas Opium bringen. Es kam auch vor, dass durch die Wirkung des Opiums der Durchfall aufhörte. Nachdem mein Bekannter gestorben war, fragte ich mich:»Bin ich wohl als Nächster dran?«

Doch gleichzeitig wurde mein Wille zu leben stärker.»Ich werde nicht locker lassen, ich muss hier lebendig herauskommen!« Ich betete beständig dafür. Beim Arbeiten und während der Lehrveranstaltungen am Abend wiederholte ich innerlich unentwegt dasselbe Gebet:»Gott, bitte rette mich. Gott, bitte rette mich.«

Irgendwann begann ich, mir Sorgen zu machen, dass ich diese Worte vielleicht im Traum sagen würde. Falls ich im Schlaf redete und gehört wurde, konnte ich angezeigt werden und würde ins politische Gefängnislager kommen. Deswegen änderte ich mein Gebet zu»Vater, bitte rette mich.« Und Gott hatte mich tatsächlich nicht verlassen und war immer bei mir. Selbst im Angesicht von Hunger und Tod wirkte Gott durch andere Häftlinge und Aufseher an mir, sodass ich ihn auch inmitten des größten Leids spüren und erfahren konnte.

Gleichzeitig berührte er mein Herz für die vielen Jugendlichen, die hier gequält wurden, nur weil der Hunger sie zur Flucht nach China getrieben hatte. Viele hatten schon früh ihre Eltern verloren und sich alleine durchschlagen müssen. Ich wäre so gern mit ihnen an einem anderen Ort gewesen, in China oder irgendwo, wo ich ihnen von Gott erzählen könnte. Sie waren in meinem Alter, aber ich empfand etwas Väterliches für sie. Sie taten mir so leid. Ich dachte darüber nach, wie viel weniger Menschen wegen Fluchtversuchen im Gefängnis landen würden, wenn sie in Nordkorea nur ihren Hunger stillen könnten. In China liegt viel Essbares herum, das selbst die Hunde nicht fressen, aber in Nordkorea, das doch unter demselben Himmel liegt, verhungern die Leute, müssen sich von ihrer Familie trennen, flüchten aus ihrem Land und sterben schlussendlich einen menschenunwürdigen Tod. Diese Tatsache bereitet mir großen Kummer im Herzen.

In der Gruppe der Gebrechlichen sollte ich sein, bis ich starb. Ich sah schlimmer aus als manch anderer, aber ich starb einfach nicht. Während einer nach dem anderen den Kampf gegen den Tod verlor, hielt ich eisern am Leben fest. Den Aufsehern muss das aufgefallen sein. Sie warteten täglich auf meinen Tod, doch da stand ich plötzlich wieder auf meinen Beinen.

Eines Tages rief mich ein Aufseher zu sich und sagte: »Ab morgen gehst du in die Kantine und arbeitest dort.« Ich antwortete mit den Worten: »Ich danke Ihnen, Herr.« Der Aufseher fügte noch hinzu: »Dort wird dir der Hunger nicht mehr zu schaffen machen. Versuch aber nicht, anderen zu helfen, sondern schlag dir deinen eigenen Bauch voll.«

Damit ein Häftling in der Kantine arbeiten konnte, mussten Angehörige eine beträchtliche Summe als Bestechungsgeld bezahlen. Doch für mich war es einfach nur ein Wunder, das mir später ermöglichen sollte, lebendig durch die schweren Eisentore zu schreiten. Wenn man in der Kantine arbeitete, konnte man sogar Reiskrusten essen und bekam auch so viel Suppe, wie man wollte, weshalb man sich nicht mehr ums Essen sorgen musste.

Vater, bitte rette mich!

Natürlich war die Arbeit in der Kantine auch nicht einfach.
Man musste den Danjibab für mehr als hundert Leute zuberei-

ten, Feuer machen und abwaschen. Nachdem ich den Reisbrei gekocht hatte, formte ich ihn mit einem speziellen Gerät in kleine Portionen und legte zu Mittag ein Stück auf jeden Teller. Da ich viel mit Wasser arbeiten musste, waren meine Füße wegen der dauerhaften Nässe völlig verquollen und auch meine Handflächen waren in einem unbeschreiblichen Zustand. Doch die Tatsache, dass ich mich satt essen konnte, machte mich unendlich froh. Anfangs konnte ich nicht nach Belieben Reis essen, weshalb ich mich von den festen Zutaten der Suppe ernährte, doch das hatte zur Folge, dass ich oft zur Toilette musste, weshalb ich auf kleinere Mengen Reis umstieg.

Eines Tages hatte ich mich nach der Arbeit in der Kantine in meiner Gefängniszelle schlafen gelegt, als mich ein Junge, der seinen Schlafplatz neben mir hatte, weckte und flüsterte:»Ich bin so hungrig, kannst du mir morgen ein bisschen Salz aus der Küche mitbringen?«

»Nein, wenn ich beim Schmuggeln erwischt werde, verliere ich sofort meine Stelle in der Kantine.«

Trotz dieser Antwort musste ich an die Zeiten denken, in denen mich der Hunger so gequält hatte, und ich konnte ihm die Bitte nicht einfach abschlagen. Ich kam zu dem Schluss, dass ich ohnehin nicht ewig in der Kantine arbeiten würde und dass ich wohl einmal während dieser Zeit helfen könnte. Am nächsten Tag brachte ich ihm ein bisschen Salz mit. Doch nachdem ich einmal seine Bitte erfüllt hatte, begann er mich auch noch um Dinge wie Mais oder Reiskruste zu bitten. Ich sagte ihm zwar jedes Mal, dass es das letzte Mal sein würde, doch er hörte nicht auf, mich zu bitten. Schließlich wurde ich vom Küchenaufseher erwischt. Natürlich wurde ich noch am selben Tag aus der Kantine geworfen. Am nächsten Tag sagte mein zuständiger Aufseher: »Wusstest du nicht, dass Mitleid eine Falle ist? Ich sagte doch, dass du dort alleine satt werden sollst!«

Im Gefängnis gab es den Spruch: »Erbarmen ist eine Falle.«
Aber ich war zufrieden, weil ich jemandem hatte helfen können.
Ich hatte so viel Hilfe durch andere Menschen in meinem Leben
erfahren und nun wollte ich meine Schulden begleichen. Deswegen war ich nicht wütend auf den Jungen, der mich um Hilfe
gebeten hatte. Und durch die zwei Monate in der Kantine hatte
sich mein unterernährter Körper ein wenig erholen können.

Einige Monate vor meiner Entlassung kam ich in die Feuerholz-
gruppe. Diese Gruppe setzt sich aus vertrauenswürdigen Häftlingen zusammen und ist für die Beschaffung des Feuerholzes
für die Küche zuständig. Sie wird von nur einem Aufseher mit
Gewehr begleitet, sodass es viele Gelegenheiten zur Flucht gibt.
Doch da ich nur noch zwei Monate bis zur Entlassung hatte,
wollte ich es nicht riskieren, wieder gefasst zu werden und als
Vorbestrafter den Rest meines Lebens im Gefängnis zu verbringen. Daher tat ich gewissenhaft und fleißig meine Arbeit beim
Holzmachen.

In den Bergen gab es sehr viele Schädel. Als ich zum ersten
Mal einen Schädelhaufen sah, schien es mir, als ob im nächsten
Moment Schlangen aus ihnen hervorkriechen würden, und ich
ergriff die Flucht. Aber da es so viele von ihnen gab, gewöhnte
ich mich mit der Zeit an sie. Der Gedanke, dass es sich um
die Schädel der ehemaligen Häftlinge des Oro handelte, war
sehr quälend. Wenn man im Gefängnis stirbt, wird man in der
Erde begraben, aber da den anderen Häftlingen die Kraft zum
Graben fehlt, werden die Gräber nicht sehr tief. Beim nächsten
Regenschauer wird die Erde fortgespült und die Gebeine kommen zum Vorschein und liegen dann in der ganzen Gegend zerstreut. Es waren wirklich zahlreiche Schädel, so wie man sie aus

dem Fernsehen kennt. Es war, als würde ich all die Menschen sehen, die Tag für Tag ihr nichtiges Leben gelassen hatten – wie armselig und traurig wäre ein Menschenleben, wenn es mit dem körperlichen Tod beendet wäre!

Entlassung

Am 13. Februar 2005 verließ ich mit dem Knarren des schweren Eisentors das Arbeits- und Trainingslager Nr. 55.

»Freiheit!«

Mir kamen die Tränen. Wie könnte ich die Freude in Worte fassen? Es war ein Wunder.

»Ich danke dir, Gott!«

Ein Tag im Gefängnis fühlte sich an wie ein ganzes Jahr, nein, wie zehn Jahre in der Freiheit. Es war die Hölle auf Erden, wo die Zeit rückwärtsging und sich ewig zog. Innerhalb kürzester Zeit hatte ich Dinge gehört und gesehen, die ein Mensch in seinem Leben nie hören und sehen sollte. Das Gefängnis diente nicht dazu, das Gewissen der Häftlinge zu erneuern, sondern lehrte die Menschen noch schlimmere Verbrechen.

Doch im Gefängnis beginnt man auch zu erkennen, wie dreckig und verachtenswert die eigene Person ist. Man sieht den Menschen am tiefsten Punkt seines Daseins. Vielleicht kann man sagen, dass das Gefängnis für mich wie ein Hochofen war, der mich läuterte. Das Gefängnis war für mich wie das Trainingslager Gottes. Die Gier und der Geiz in mir mussten sterben und ich musste von innen heraus gereinigt werden. Der Platz, der dadurch in mir geschaffen wurde, musste von Gott gefüllt werden.

Viele Menschen waren davon überzeugt gewesen, dass ich sterben würde. Auch ich hatte mir nicht vorstellen können, lebendig das Gefängnis zu verlassen, da ich so viele ehemals gesunde Menschen gesehen hatte, die tot aus dem Lager getragen worden waren. Ich dagegen war unterernährt und dem Tode nahe ins Lager gekommen. Und ausgerechnet ich durfte den Klang des Eisentors zur Freiheit hören.

Ich weiß, dass ich das allein Gottes Hilfe zu verdanken habe.

Ich fühlte mich, als sei ich ein zweites Mal geboren, als würde ich neues Land betreten. Die Natur war so atemberaubend schön. Ich beschloss, noch einmal von vorne anzufangen.

Ich bekam einen Entlassungsbescheid und stieg in einen Zug Richtung Heimat. Die 560 Won, die man mir als Rückzahlung gegeben hatte, reichten gerade für eine Mahlzeit. Der Zug fuhr am Bahnhof Bukchŏng vorbei. Ich hatte schon wieder einen ganzen Tag nichts zu essen gehabt. Da kein Sitzplatz frei war, musste ich während der Fahrt stehen, doch plötzlich kam ein Kkotjebi zu mir und fragte: »Wo kommst du her?«

Ich antwortete ihm: »Ich komme gerade aus dem Gefängnis und bin auf dem Weg nach Hause.«

»Hast du schon zu Abend gegessen?«

»Nein.«

»Dann warte einen Moment.«

Der Kkotjebi ging weg und kam kurz darauf mit 20 kleinen Bonbons wieder und steckte sie mir in die Hosentasche. Mit den Worten »Iss das!« stieg er an der nächsten Station aus. Mein ganzes Leben war ich von Kkotjebis ausgenutzt worden und nun hatte der Kleine mein Herz tief berührt. Ich erhielt Gewissheit, dass Gott, der Elia in der Bibel durch Raben geholfen hatte, auch mir half. Und ich spürte, dass ich für die Kinder in Nordkorea, die wie Waisen waren, beten sollte. Ich fühlte mich sicher, weil mich Gottes Engel begleitete, wo auch immer ich hinkam.

Am Ende meiner Zugfahrt kam ich bei meiner Tante zu Hause an. Es war ein großes Wunder, dass ich, den sie für tot geglaubt hatte, lebendig zurückgekommen war. Meine Tante nahm mich wortlos in den Arm und weinte. Sie sagte mir, dass sie immer an mich gedacht hatte, und bat mich um Vergebung, dass sie wegen ihres alkoholkranken Mannes und ihrer drei Kinder nicht zu Besuch gekommen war. Es war ihre zweite Ehe und meine Tante musste ihr Leben sehr nach ihrem Mann richten. Sie lebte mit ihm und seinen zwei Töchtern, die er mitgebracht hatte, und ich konnte nicht tatenlos zusehen, wie sie ständig unter häuslicher Gewalt leiden musste. Wenn es zu einem Streit kam, ging ich dazwischen und versuchte zu schlichten. Meine Tante sagte mir, dass sie weniger geschlagen werde, seit ich da war. Es tue ihr leid, dass auch ihre Tochter geschlagen werde, weshalb sie sie verheiraten würde, sobald sie das 19. Lebensjahr erreichen würde.

Das waren Dinge, die mir schon von Kindheit an bekannt waren. Warum die Männer als Hausherr den Reis aßen, während sich die Frauen mit Brei oder Gräsern begnügen mussten, konnte ich nicht verstehen. Es war schon eigenartig, dass man an getrennten Tischen aß, aber genauso war es mir unverständlich, wenn man am selben Tisch unterschiedliches Essen aß. Wenn der Mann als Hausherr die Verantwortung zur Führung der Familie hatte, müsste er doch seine Familie am Leben erhalten, selbst wenn er dabei verhungerte. Natürlich müssen nicht alle Familien in Nordkorea so sein, wie ich sie erlebt habe. Doch meinen Erfahrungen nach beuten viele Männer dort selbst innerhalb der Familie die Schwächeren aus und nehmen die Position eines unterdrückenden Alleinherrschers ein.

Während ich bei meiner Tante wohnte, dachte ich viel über meine Zukunft nach. In Nordkorea ist man mit 17 Jahren volljährig. Man bekommt dann seine eigene Akte, in der man mit seinem Songbun registriert ist. Ich galt mit 19 Jahren als Erwachsener und zu jener Zeit bekam ich ein Angebot, in einem Elektrotechnikunternehmen zu arbeiten. Meine Tante riet mir, bald zu heiraten, da ich keine Familie hatte. Ich grübelte, ob es wirklich die richtige Entscheidung war, nun in Nordkorea meine Wurzeln zu schlagen, oder ob ich wieder mein Leben riskieren sollte, um nach China zu gehen. Dieser Konflikt in meinem Inneren verstärkte sich, als ich meine Freunde und meine Verwandten in Nordkorea traf, die sich von mir erhofften, dass ich nicht wieder zum »Verbrecher« werden würde, sondern ein ruhiges, unauffälliges Leben führen würde. Da ich ein Strafentlassener war, würde ich bei dem geringsten Verstoß direkt wieder ins Gefängnis kommen.

Während ich mich tief in Gedanken versunken bei meiner Tante aufhielt, wurde ich von zwei Männern aufgesucht.

»Ist hier Chŏl, der im Gefängnis war?«

»Ja, das bin ich. Was gibt es?«

»Wir sind von der Staatssicherheit. Kommen Sie bitte mit uns. Wir haben da einige Fragen an Sie.«

Ich hatte Angst. Ich dachte, dass ich meine Gefängniszeit abgesessen hatte, doch eine böse Vorahnung machte sich in mir breit, dass dies der Anfang eines noch größeren Unglückes sein könnte. In solchen Situationen betete ich. Im Gebäude der Staatssicherheit hatten sie offenbar keinen Strom, denn es brannte eine Petroleumlampe. Sie hielten mich in einem dunklen Raum gefangen und ich verbrachte dort die Nacht, ohne auch nur eine Erklärung für meine Haft bekommen zu haben.

Am nächsten Tag wurde ich aufgefordert, meine Lebensgeschichte detailliert aufzuschreiben. Ich weiß nicht, wie oft ich diesen Text bereits in meinem Leben geschrieben habe. Für meine Geschichte mit allen Details reicht nicht einmal ein ganzes Buch, doch sie gaben mir gerade mal drei Blätter Papier. Schließlich fehlte mir der Platz und ich konnte nicht weiterschreiben. In Nordkorea gilt das ideologische Prinzip der Selbstversorgung, aber wer kann das nicht vorhandene Papier aus dem Nichts herbeizaubern? Daher begannen zwei Beauftragte, mir abwechselnd Fragen zu stellen. Ich erzählte ihnen zwar meine ganze Lebensgeschichte, aber sie wollten ganz offensichtlich etwas über die Kirche hören. Sie behaupteten, dass ich die Wahrheit vor ihnen verbarg, und prügelten mich fast tot.

Am nächsten Tag ging das Verhör wieder mit zwei Beauftragten weiter. Wenn sie nur den geringsten Widerspruch in meinen Aussagen fanden, ließen sie an dieser Stelle nicht locker. Doch ich hatte diese Geschichte schon so unzählige Male wiedergegeben, dass Fehler ausgeschlossen waren. Da rief einer der Beauftragten: »Du scheußlicher Kerl«, und zeigte mir einen Zettel. Ich erkannte die Handschrift meines Stiefvaters wieder. Auf dem Zettel stand, dass wir in Yŏngil gemeinsam die Bibel studiert hatten. Ich beharrte darauf, dass ich nur wenige Male etwas in der Kirche gehört hätte. Ob sie mich nun schlugen oder umbrachten, ich konnte auf keinen Fall ein Geständnis ablegen. Denn wenn ich gestand, würde ich sofort ins politische Gefängnislager geschickt werden. Da sagte mir einer der Beauftragten: »Willst du wie dein Vater ins Yodŏk-Lager und sterben?«

Ich war schockiert. Das hörte ich zum ersten Mal. 2001 war Vater nach Xian zum Bibelstudium gegangen und ich hatte gehört, dass er danach zurück nach Nordkorea geschickt worden war. Dass er nicht mehr am Leben war, hörte ich jedoch zum ersten Mal. Der Beauftragte der Staatssicherheit erklärte, dass Vater an Gott geglaubt hätte und deswegen ins politische Gefängnislager Nr. 15 in Yodŏk gekommen wäre, wo er dann sein Leben gelassen hätte.

Das Lager in Yodŏk ist von den politischen Gefängnislagern das bekannteste. Es hat als einziges einen Bereich, der wie ein Umerziehungslager aufgebaut ist und aus dem man wieder entlassen werden kann. Von dort ist Einzelnen die Flucht gelungen und sie konnten von den Umständen im Lager berichten, wie die ehemaligen Häftlinge Kang Chŏl Hwan und An Hyuk und der Aufseher Ahn Myong Chŏl in den frühen Neunzigern.

Als ich das Lager von Danchŏn betreten hatte, hatte mich der Anblick der ausgemergelten Menschen mit ihren starren Blicken erschreckt. Was Entkommene aus Yodŏk berichten, ist noch viel schlimmer. Hier sind Menschen bis zur Unkenntlichkeit entstellt, durch Misshandlungen und Erfrierungen fehlen ihnen Gliedmaßen. Zur Strafe werden Menschen wochenlang in winzige Zellen beziehungsweise Käfige gesteckt, in denen sie weder stehen noch liegen können. Sie verkrüppeln oder sterben an mangelnder Durchblutung. Die ausführlichen Berichte aus Yodŏk sind kaum zu ertragen. Es ist unvorstellbar, was dort bis zum heutigen Tag vor sich geht. Die anderen Lager sollen nach der Aussage von Häftlingen, die von dort nach Yodŏk verlegt wurden, noch schlimmer sein.

In Yodŏk war also mein Vater gestorben. Ich hatte keine Zeit, darüber nachzudenken, was genau ihm wohl widerfahren war.

Ich befand mich im Verhör. Die Regelungen der Sippenhaft verlangten, dass auch ich nun ins politische Gefängnislager gesperrt werden würde, zumal mein Vater ausgesagt hatte, dass ich mit ihm die Bibel studiert hatte. Unter welchen Qualen er das wohl gestanden haben musste. Mich und den Rest seiner Familie würden sie ohne Prozess einsperren. Aber zuvor würden sie unter Folter Geständnisse erzwingen.

Ich musste standhalten. Felsenfest beharrte ich darauf, dass ich nur einige Male mit meinem Stiefvater zur Kirche gegangen sei, aber nicht mehr wüsste. Der Beauftragte fragte mich: »Glaubst du, dass es Gott gibt?«

Da antwortete ich: »Ich weiß es nicht. Wenn es Gott gäbe, wären Vater und Mutter so gestorben? Hätte ich so im Gefängnis leiden müssen?« Im Herzen tat es mir vor Gott leid und innerlich flüsterte ich, dass es nicht mein Ernst war. Doch in dem Moment fiel mir Petrus ein, der Jesus verleugnet hatte. Und ich sah mich selbst an, der ich noch viel Schlimmeres tat als Petrus.

Daraufhin kam ich zwar frei, aber während ich hinausging, betete ich zu Gott. Ich bat ihn um Vergebung und dass sein Geist mich nicht verlassen möge. Ich hatte keine Familie, war wie von der Welt verlassen, und wenn auch noch er mich verlassen würde, wäre mein Dasein nur noch sinnlos. Gott antwortete mir sofort, dass er mich nicht verlassen würde. Er war ausnahmslos immer bei mir, aber ich selbst war unbeständig und schwach. Ich bin ein Mensch, der ohne Gott nicht leben kann.

Für ein Foto

Meine Tante betrieb Handel auf dem Markt und ihr Mann arbeitete in einer Fabrik. Während ich bei meiner Tante wohnte, unterstützte ich die Familie, indem ich mich um Kohle, Holz, Wäsche, Essen und den Abwasch kümmerte. Am Abend bereitete ich Nudeln zu und wartete darauf, dass die Eltern heimkamen. Die drei Kinder konnten ihren Hunger aber nicht aushalten und bettelten um etwas zu essen. Ich gab den Kindern von meiner Portion, und wenn ihre Eltern nach Hause kamen, log ich, dass ich schon gegessen hätte. Da wir nicht genug hatten, beschwerten sich die Kinder und weinten, egal, wie viel sie vorher schon gegessen hatten. Daher gab ich den Kindern etwas, selbst wenn nichts mehr für mich übrig blieb. Ich vermute, dass die meisten Mütter in Nordkorea ihre Kinder auf diese Weise großziehen. Ich dachte auch daran, wie viel wohl meine Mutter geweint haben musste, weil sie mir nicht genug zu essen geben konnte. Ich vermisste sie so sehr.

Wenn ich mich schlafen legte, knurrte mein Magen und oft konnte ich wegen des Hungers nicht einschlafen. Durch das Fenster fiel das Mondlicht ins Haus und Tränen liefen mir das Gesicht herunter. Meine Gedanken kreisten um eine Person. »Wenn Mutter noch da wäre, hätte mein Leben ganz anders ausgesehen…« Wenn ich darüber nachdachte, hatte ich ja nicht einmal ein Familienfoto, kein einziges Bild von Mutter und mir. Das einzige Foto, das wir vor vielen Jahren gemacht hatten, hatte ich in Chŏngdo, China liegen lassen, als wir fluchtartig das Haus verlassen hatten. Es war mir, als würde die Gestalt meiner Mutter in meinem Gedächtnis langsam verblassen.

Die ganze Sehnsucht nach meiner Mutter machte sich an diesem einen Foto fest. Nachdem ich mehrere Tage darüber nachgedacht hatte, beschloss ich, wieder nach China zu gehen, um das Foto zu finden. Sicherlich kann man sich fragen, ob ein Foto es wert ist, sein Leben dafür aufs Spiel zu setzen. Aber damals war es mein größter Herzenswunsch, meine Mutter zu sehen, und wenn es nur auf einem Bild war. Für dieses Foto, das wertvoller als alles andere in meinem Leben war, entschied ich mich, erneut aus Nordkorea zu flüchten. Ich setzte meine Hoffnung auf die Treue Gottes. Für immer würde ich es sowieso nicht in Nordkorea aushalten, und da mein Vater ein politischer Häftling gewesen war, würde die Staatssicherheit mich nie aus den Augen lassen. Jetzt war das Foto für mich zum Anlass geworden, noch einmal die Flucht zu wagen. Ich würde es sonst nie finden.

Im Gegensatz zu meinem ersten Fluchtversuch war ich nun vorbestraft und das machte mir Angst. In der Stunde, in der ich nicht aufpasste und gefasst werden würde, würde ich geradewegs wieder ins Gefängnis wandern. Ich konnte nur beten und auf Gottes Hilfe hoffen. Meine Gedanken kreisten während meiner riskanten Reise um den Bibelvers »Betet ohne Unterlass«.

Es war im April 2005 und das Wasser des Tumen war kalt. Es war zwar helllichter Tag, sodass die Wächter auf einen schießen konnten, aber ich durchquerte stur den Fluss. Wenn ich es nur bis ans andere Flussufer, nach China schaffte, würde ich leben; das war meine einzige Hoffnung, die mich ins Wasser springen ließ, ohne zurückzuschauen. Es regnete in Strömen und das machte die Kälte zwar schlimmer, aber ich sah es als

Hilfe Gottes und durchquerte den Fluss. In China angekommen brauchte ich erst einmal Kleidung und Feuer, denn ich wollte in die Berge gehen. Daher ging ich in ein nahe gelegenes Dorf und näherte mich einem Haus, das von drei Hunden bewacht war. Obwohl sich die Hunde auf mich stürzten und meine Hose zerrissen, ging ich zur Haustür und öffnete sie. Die Menschen im Haus sahen mich erschrocken an, als wäre ein Ungeheuer in ihr Haus getreten.

»Ich komme aus Nordkorea. Mir ist so kalt, bitte geben Sie mir etwas zum Anziehen.«

»Geh schnell wieder. Wenn wir so Leuten wie dir helfen, müssen wir Strafe zahlen, geh weg!«

»Dann geben Sie mir doch wenigstens ein Feuerzeug«, antwortete ich, woraufhin sie mir eines reichten. Mit dem Feuerzeug setzte ich meinen Weg fort. Doch plötzlich kam mir ein Gedanke: »Wenn auf diesem Weg ein Streifenwagen entlangfährt, werde ich wieder verhaftet!« Der Berg war an dieser Stelle zwar eine Klippe, doch ich beschloss, sie zu erklimmen. Während meines Aufstieges sah ich plötzlich auf dem Weg unter mir einen Streifenwagen fahren. Es lief mir eiskalt den Rücken hinunter und wie von selbst kamen die Worte: »Ich danke dir, Gott!«, aus meinem Mund. Der Gedanke, dass Gott mit mir war, spendete mir trotz Kälte und Hunger Kraft.

In meiner Freude pries ich Gott, während ich den Berg hinaufstieg. Ich hatte jedoch Schwierigkeiten dabei, die Himmelsrichtungen zu bestimmen. Nasse Kleidung und ein Feuerzeug waren alles, was ich besaß. Als ich über den Berg wanderte, begann es, dunkel zu werden. Da ich den ganzen Tag nichts gegessen hatte, wollte ich ein Dorf aufsuchen, aber da ich mich tief in den Bergen befand, sah ich keinen einzigen Lichtschimmer. Als ich aber eine ganze Weile gewandert war, stieß ich auf eine Erzmine und sah dort chinesische Arbeiter. Sie gaben mir etwas Brot und ich ging wieder in die Tiefen des Gebirges. Ich sammelte Feuerholz und machte mir ein Lagerfeuer, bevor ich meinen leeren Magen mit dem Brot füllte. Diese Zeit war wie mein eigenes kleines Paradies. Ich zog die nassen Kleider aus und trocknete sie, und als ich vor dem wärmenden Feuer saß, wurde ich vom Schlaf überwältigt.

Doch auf dem hohen Berg lag viel Schnee und in den späten Stunden der Nacht konnte ich nicht mehr schlafen. Sobald es hell wurde, setzte ich meinen Weg fort. Ich hielt mich zur Orientierung an die hohen Berge vor mir und musste dabei andere Berge und Gewässer überwinden. Manchmal musste ich den Pfaden wilder Tiere auf allen vieren folgen. So durchwanderte ich die Berge, bis ich plötzlich auf eine Straße stieß. In der Hoffnung, auf Zivilisation zu stoßen, folgte ich dem Weg. Nachdem ich einen halben Tag gegangen war, entdeckte ich Fußspuren von Menschen. Hoffnung regte sich in mir und erleichtert ging ich weiter, bis ich irgendwann bei genauerem Hinsehen feststellte, dass diese Fußspuren meine eigenen waren. Den ganzen Tag war ich dem Weg gefolgt und hatte mich dabei im Kreis gedreht. Ich war hungrig und kraftlos, und mir war, als würde ich jeden Moment einfach tot umkippen. Auch wenn es anstrengend war, hätte ich mich weiter an die hohen Berge halten sollen, anstatt den Weg zu wählen.

Wieder richtete ich meinen Blick auf die Berge und ging los. Ich stieg bergauf und bergab, bis mich eine Schlucht am Weitergehen hinderte. Es war ein gefährlicher Ort, an dem ich in den Tod stürzen könnte, wenn ich auch nur einen unbedachten Schritt machte. Doch wenn ich diesen Weg nicht ging, hätte ich die ganze Strecke, die ich gekommen war, wieder zurückgehen müssen; daher blieb mir keine andere Wahl. Schließlich kletterte ich vorsichtig die Schlucht hinab. Beim Abstieg lösten sich Steine und ich stürzte ab. Wäre ich von ganz oben gestürzt, hätte ich es wahrscheinlich nicht überlebt, aber da ich bereits weit unten war, verletzte ich mich glücklicherweise nur am linken Bein. Das Problem war aber, dass ich nicht mehr mit dem Fuß auftreten konnte. »Werde ich jetzt, wo ich nicht mehr laufen kann, in den Bergen, fern von aller Zivilisation, sterben?«, schoss es mir durch den Kopf. Ich zog mein linkes Bein hinter mir her, während ich mich den nächsten Berg hinaufschleppte. Denn ich fürchtete zu verhungern, wenn ich weiter an diesem Ort bliebe. Wenn ich leben wollte, musste ich es irgendwie ins nächste Dorf schaffen. Die Bäume standen so dicht, dass es unglaublich mühsam war, auch nur einen Schritt vorwärts zu kommen.

Was mir aber noch mehr zu schaffen machte, war der Durst. Da ich mich auf einem hohen Berg befand, konnte ich kein Wasser finden. Daher betete ich.

»Gott, ich habe Durst. Bitte gib mir Wasser.«

Ich war sehr erstaunt, nach einer Weile auf einen großen Wasserkanister zu stoßen, der noch zu einem Drittel voll war.

»Gott, ich danke dir. Danke, Gott!«, betete ich und trank das Wasser. Es war so erstaunlich und ich konnte es einfach nicht glauben. Ich fragte mich, ob wohl Menschen zum Pilzesammeln in die Berge gekommen waren und den Wasserkanister zurückgelassen hatten.

Mit meinem Glauben war es eigenartig. Ich hatte Gott so oft erlebt, hatte mein Leben für ihn aufs Spiel gesetzt, und der

Glaube hat mir selbst in den dunkelsten Stunden die nötige Kraft gegeben. Dennoch kamen immer wieder Anklagen und Zweifel in mir hoch. Nun hatte Gott mir einen Wasserkanister in die Berge gestellt – nicht etwa eine Gebirgsquelle, nein: einen Kanister. Ich meinte, mit Gewissheit glauben zu können, wenn es ein weiteres Mal passieren würde. Daher betete ich nochmals. »Gott, bitte gib mir noch ein weiteres Mal Wasser. Dann will ich glauben, dass es dein Werk ist.«

Ich ging weiter und stieß auf noch einen Kanister mit Wasser. Ich schämte mich dafür, dass ich gezweifelt hatte, obwohl ich zuvor behauptet hatte, an Gott zu glauben. Während ich meinen Weg fortsetzte, pries ich Gott, der immer für mich sorgte.

Der Herr selbst behütet mich! Der Herr ist mein schützender Schatten über meiner rechten Hand. Die Sonne wird mir am Tag nichts anhaben noch der Mond bei Nacht.
Meine Hilfe kommt vom Herrn, der Himmel und Erde gemacht hat.

Nach Psalm 121

Die Liebe Gottes durchdrang mein Herz, während ich ihn pries. Es war, als würde Gott mir sagen:

»Fürchte dich nicht, denn ich bin bei dir. Sieh dich nicht ängstlich nach Hilfe um, denn ich bin dein Gott: Meine Entscheidung für dich steht fest, ich helfe dir. Ich unterstütze dich, indem ich mit meiner siegreichen Hand Gerechtigkeit übe.«

Jesaja 41,10

Als ich in den Bergen schlief, hörte ich in der Ferne das Heulen der Wölfe. Es war dunkel und neben den Wölfen hörte man auch größere Tiere durch das Dickicht streifen. Das machte mir wirklich Angst. Ich konnte Gott nur durchgehend um Schutz und Bewahrung bitten. Schließlich kam ich, mein linkes Bein hinter mir her schleifend, im nächsten Dorf an. Ich konnte nun wirklich nicht mehr laufen, daher wollte ich ein Taxi nehmen und zu einem Gemeindeleiter in Yŏngil fahren. Mit diesem Gedanken saß ich am Wegrand, als plötzlich ein Polizeiwagen an mir vorbeifuhr. Das jagte mir fürchterliche Angst ein, aber ich war erleichtert, dass er vorbeigefahren war. Ich hatte mich jedoch zu früh gefreut, denn der Wagen kam zurück. Er hielt vor mir und der Polizist fragte mich auf Chinesisch: »Wo kommst du her?«

Ich log, dass ich bei Verwandten war und gerade über die Berge auf dem Heimweg war. Doch der Polizist sah meine Hose, die von den Hunden zerfetzt worden war, und auch meine kaputten Schuhe, und forderte mich auf einzusteigen. Auf der Station stellten mir die Polizisten auf Chinesisch Fragen. Da ich zehn Jahre in China gelebt hatte, antwortete ich auf Chinesisch. Dann sollte ich die chinesischen Schriftzeichen in der Station vorlesen. Ich las alles fehlerfrei vor. Daraufhin glaubten sie mir, dass ich nicht aus Nordkorea kam.

»Hast du etwas gegessen?«

»Nein.«

»Hast du Fahrtgeld?«

»Nein.«

»Dann geben wir dir etwas zu essen und fahren dich nach Hause.«

Nach dem Essen stieg ich in den Polizeiwagen. Doch als wir schon eine ganze Weile gefahren waren, kam mir der Gedanke:

»Wenn wir zum Gemeindeleiter nach Hause fahren und irgendwie auffliegt, dass ich Nordkoreaner bin, wird er die Konsequenzen dafür tragen müssen...«

Wer in China nordkoreanischen Flüchtlingen half, durfte keine Gemeindearbeit verrichten und musste Strafe zahlen. Vor lauter Panik beschloss ich, dem Polizisten die Wahrheit zu sagen.

»Herr Polizist, bitte erschrecken Sie sich nicht. In Wahrheit komme ich aus Nordkorea. Bitte retten Sie mich.«

Bei diesen Worten erschrak er, zog in Sekundenschnelle seine Pistole hervor und hielt sie mir an den Kopf. Er habe bis dahin viele Nordkoreaner gefasst, aber noch nie einen gesehen, der so gut Chinesisch sprach und lesen konnte wie ich. Mit der Pistole am Kopf durfte ich mich keinen Zentimeter rühren. Kopfschüttelnd meinte er dann, dass er in der Zukunft von meinem Fall lernen würde.

Er wendete den Wagen wieder und brachte mich ins Ryochŏngsi-Gefängnis. Durch Gottes Bewahrung hatte ich es so weit geschafft, doch letzten Endes war ich nun gefasst worden und stand kurz vor meiner Abschiebung nach Nordkorea. Furcht und Verwirrung machten sich in meinem Herzen breit. Daher betete ich kurz und bekam den Eindruck von Gott, dass dies geschah, damit sein Wille offenbar werde. Da verließ mich die Angst und ich spürte neuen Mut im Herzen. Durch den Frieden, den Gott mir schenkte, fasste ich den Entschluss, mich seinem Willen zu fügen. Im Gefängnis waren schon Frauen und Kinder, die auf dem Land verhaftet worden waren. Gemeinsam mit ihnen wurde ich in einem Bus zurück nach Hwe'ryŏng geschickt.

Paul

Über die Hwe'ryŏng Brücke erreichten wir Nordkorea. Bei der Staatssicherheit mussten wir wieder nackt durch eine Ganzkörperuntersuchung, und dann ging es in die Gefängniszelle. In der Zelle kam es zu einem unerwarteten Wiedersehen: Ich traf Paul, mit dem ich drei Jahre zusammen in Chŏngdo verbracht hatte. Paul und ich waren mit drei Jungen, die ebenfalls mit uns gelernt hatten, verhaftet worden und unsere Wege hatten sich an der Sammelstelle von Sinŭiju getrennt. Paul hat den großen Traum, Präsident von Nordkorea zu werden. Ich erinnerte mich daran, wie ich gelacht hatte, als er mir von seinem Traum erzählt hatte, und auch wie wir viele Male Hand in Hand stundenlang zusammen gebetet hatten. Diesen Paul traf ich also wieder.

Paul war wegen Krankheit aus dem Arbeitslager in Onsŏng entlassen worden, hatte danach seine fällige Haftzeit von sechs Monaten wieder im Lager verbracht und zuletzt einem Freund vorgeschlagen, zusammen nach China zu flüchten. Der Freund aber hatte ihn angezeigt und auch verraten, dass Paul in China die Bibel studiert hatte. Paul wurde daraufhin festgenommen. Ihm drohte lebenslange Haft im politischen Gefängnislager.

Im Gefängnis waren noch weitere Menschen, die wie Paul ein halbes Jahr lang auf ihr Urteil warteten; meist handelte es sich bei ihren Verbrechen um die Annahme einer Religion oder den Fluchtversuch nach Südkorea.

Paul erzählte mir, dass er während seiner Zeit im Gefängnis auch die anderen Jungen gesehen hatte, die mit uns in China verhaftet worden waren. Diese hatten unseren Pastor finden wollen, der uns großgezogen und ausgebildet hatte. Dabei hatten sie versucht, sich in Gasthäusern etwas Geld für die Fahrtkosten zu verdienen, doch sie wurden von ihren Arbeitgebern angezeigt und landeten wieder im nordkoreanischen Gefängnis. Was danach mit ihnen geschehen war, wusste Paul nicht. Doch ich war froh zu hören, dass sie überhaupt noch am Leben waren. Paul war nach sechs Monaten im Gefängnis völlig abgemagert und geschwächt. Es war keine Hoffnung in seiner Stimme, als er mich fragte: »Warum passiert uns das alles?«

»Paul. Wir haben doch eine Hoffnung ...«

So war es. Wir hatten eine lebendige Hoffnung. Wegen Gott, der der Schöpfer des Universums ist, hatten wir die lebendige Hoffnung, ins Himmelreich zu kommen, selbst wenn wir noch heute starben. Der Tod war lediglich der Anfang und wir hatten Hoffnung, weil es die Auferstehung gab.

Im Gefängnis der Staatssicherheit von Hwe'ryŏng gab es zu jeder Mahlzeit Maisbrei. Ich gab Paul zwar einen Teil von meinem Brei, aber seine Verdauungsorgane waren bereits so schwach, dass er Durchfall bekam. Paul nahm einen mit einem Faden versehenen Zahnstocher, um mir heimlich meine Hose zu flicken, die von den Hunden in China zerrissen worden war. Mein bekümmertes Herz schrie zu Gott: »Gott, warum lässt du ein so großes Leid zu? Es ist mehr, als wir tragen können! Rette Paul! Rette Paul und mich durch ein Wunder, so wie du auch die Gefängnistüren geöffnet hast, als Paulus und Silas dich im Gefängnis mit Liedern gepriesen haben.« So hoffte ich auf die Rettung Gottes, während ich in das Licht sah, das durch den schmalen Fensterspalt in unsere Zelle fiel.

Es war Sonntagmorgen. Ich bereitete mich im Herzen auf den Gottesdienst vor.

»Gott, du hast versprochen, dass, wenn zwei oder drei in deinem Namen zusammenkommen, du mitten unter ihnen bist. Bitte sprich in dieser Zeit zu uns und sei mit uns an diesem Ort durch deinen Geist. Ich bete im Namen Jesu, Amen.« Nach dem Gebet sangen wir Lobpreislieder.

Der Herr selbst behütet mich! Der Herr ist mein schützender Schatten über meiner rechten Hand. Die Sonne wird mir am Tag nichts anhaben noch der Mond bei Nacht. Meine Hilfe kommt vom Herrn, der Himmel und Erde gemacht hat.

Nach Psalm 121

Als wir sangen, spürten wir die tiefe Gegenwart Gottes.

Wir sagten auch den Psalm 23 auf, den wir in China auswendig gelernt hatten, und nahmen uns Zeit, darüber nachzudenken.

Ich spürte, dass Gottes Wort lebendig ist. Die Realität mochte eine stickige Gefängniszelle sein, doch der Ort, an dem Gott mit uns war, war eine grüne Aue, ein frisches Gewässer, an dem man zur Ruhe kommen konnte. Wir hatten zwar nicht einen Schluck Wasser zu trinken, doch die Quelle der Freude in uns versiegte nicht.

Wir nahmen uns Zeit zur Fürbitte.

»Gott, ich bete für Paul. Gott, bitte rette ihn. Es gibt so viele Menschen, die wie Paul ins politische Gefängnislager müssen, weil sie an dich glauben. Nicht nur Paul, sondern auch in der Zelle neben uns sind solche Menschen. Bitte lass den Tag schnell kommen, an dem es Religionsfreiheit in unserem Land geben wird. Bitte rette Paul.«

Als ich so in meinem Herzen gebetet hatte, vernahm ich eine Stimme, die mir Folgendes sagte:»Der Grund, weshalb du wieder verhaftet wurdest und an diesen Ort gekommen bist, ist, dass du mit Paul für all diejenigen, die meinetwegen verfolgt werden, in Fürbitte eintreten sollst. Gerade jetzt feiern viele Menschen Gottesdienst für mich, doch ich will deinen Gottesdienst annehmen.«

Beim Schreiben habe ich diesen Teil aus der Befürchtung, dass er missverstanden werden könnte, weglassen wollen, doch ich erwähne es, weil ich berichten will, was ich wirklich vernommen habe.

Gott sagte mir, dass er mit Paul im politischen Gefängnislager sein würde, wenn ich für ihn beten würde. Er sagte mir, dass er die Gefangenen für sein Reich gebrauchen werde, wenn sich die Tore der Lager öffnen. Gott hat eine geringe Zahl von Menschen erwählt, und selbst einem so schwachen und erbärmlichen Menschen wie mir hat er sich gezeigt und in mir gewirkt. Wenn ich vor Gott stand, hatte ich als Sünder nichts vorzuweisen, und dennoch liebte er mich.

Paul sagte mir:»Du musst hier lebend herauskommen und allen Menschen berichten, was hier geschieht.«

Ich nahm die Worte, die Gott während des Gebetes zu mir gesprochen hatte, und auch Pauls Bitte als Willen Gottes für mein Leben an und betete:»Gott, wenn du mich wirklich rettest, will ich nicht nur hinausgehen und allen Menschen berichten, sondern an erster Front dafür kämpfen, dass die Tore der Lager geöffnet werden.« Damals konnte ich nicht wissen, was kommen würde, doch wenn ich hinauskäme, wollte ich auf jeden Fall Pauls Stimme werden. Ich gab ihm mein Versprechen.

Einen Monat saß ich nur in der Gefängniszelle. Dann wurde ich aufgerufen. Wieder sollte ich ein Kritikschreiben anfertigen. Ich sollte meine ganze Lebensgeschichte dokumentieren, ohne das kleinste Detail auszulassen. In Nordkorea gibt es kein öffentliches Internet, weshalb die lokalen Behörden keinen Zugriff auf meine Akten hatten. Auch Mobiltelefone waren lange verboten. Jetzt gibt es sie in Pjöngjang, allerdings unter harten Auflagen und ohne Zugriff auf Internet oder ausländische Netze. Ich dachte, dass die eingeschränkte Kommunikation jetzt mein Vorteil war, weil die Aufseher nicht in Erfahrung bringen konnten, ob ich vorbestraft war. Daher log ich wieder. Woran ich jedoch nicht gedacht hatte, war, dass in den Zellen Spione sein könnten, die die Aufseher dort eingesetzt hatten. Ich hatte nichts ahnend mit einem jungen Mann darüber gesprochen, dass ich mehrmals in China gewesen war. Von ihm hatten die Aufseher alles erfahren.

Einer der Aufseher schlug mich, bis ihm seine Hand wehtat; dann begann er, mich mit seinen Militärstiefeln zu treten, und trampelte auf mir herum. Dann holte er sich ein Holzbrett und setzte die Prügel damit fort. Nach zahllosen Schlägen verlor ich das Bewusstsein. Nachdem er mich verprügelt hatte, ließ er mich wieder in die Zelle werfen. »He, Zellensprecher, bring diesen Kerl mal um. Wenn nicht, bringe ich dich um! Lass ihn 1000 Pomps machen!«

Als ich mich 100-mal schnell gesetzt und wieder aufgerichtet hatte, wie die Übung es erforderte, bekam ich Krämpfe in den Beinen. Doch wenn ich nicht weitermachte, würde meine ganze Zelle dafür bestraft werden; daher blieb mir keine Wahl. Ich schaffte mit Mühe und Not 500 Pomps und brach zusammen. Ich wusste zwar, dass der Zellensprecher kein Verständnis dafür haben würde, dass ich nicht mehr konnte, aber 1000 waren schlichtweg unmöglich.

»Herr, ich kann wirklich nicht mehr.«

»Du Ratte, wo gibt's denn so was? Alle Mann aufstehen! Ihr macht alle mit! Ihr entscheidet, ob ihr diese Ratte machen lasst oder ob ihr die restlichen 500 macht.«

Daraufhin trafen mich Fäuste von allen Seiten. Ich sagte wieder: »Ich mache es«, und fing an, doch nach dem Hinsetzen war ich kaum mehr in der Lage aufzustehen, weil sich mein Kopf unendlich schwer anfühlte. Der Boden wurde nass von meinem Schweiß und meine Augen wurden nicht mehr richtig durchblutet, sodass ich nichts mehr sah. Mit aller Kraft, die mein Körper aufbringen konnte, schaffte ich letztlich die 1000 Pomps. Ich konnte daraufhin einige Tage nicht mehr laufen.

Nach Beendigung meiner Untersuchungshaft im Gefängnis der Staatssicherheit wurde ich zur Sammelstelle geschickt. In der Gefängniszelle der Sicherheitssammelstelle befanden sich fünf weitere Häftlinge. Als sie meine Hose sahen, meinten sie, dass sie ihnen gefalle und ich sie ausziehen solle. Häftlinge beuteten sich untereinander aus. Doch wenn ich meine Hose auszog, hätte ich selbst nichts zum Anziehen gehabt; daher konnte ich sie nicht hergeben. Was auch immer geschah, ich würde auf meine Hose achtgeben müssen. Doch plötzlich riss ein Häftling ein Brett aus und schlug mir damit auf den Kopf. Ein Aufseher hörte den Lärm und kam zur Zelle.

»Ihr Ratten habt wohl noch zu viel Kraft übrig?! Jetzt wartet's ab!«

Er riss dem Häftling das Brett aus der Hand und begann nun selbst, damit auf mich einzuschlagen. Nach einer Weile fühlte ich, wie mein Kopf warm wurde und es heftig blutete. Der

Boden begann sich rot zu färben. Auf meinem Kopf war eine Wunde, die kreuzförmig zehn Zentimeter lang und breit war. Als der Aufseher sah, dass ich blutete, schloss er die Eisentür mit einem lauten Knall hinter sich. Ich zerriss meine Kleidung und versuchte, mit einem Stück Stoff die Blutung zu stillen, doch der pochende Schmerz im Kopf wurde immer schlimmer. Die Schmerzen waren so stark, dass ich die ganze Nacht nicht schlafen konnte.

Flucht

Nach einigen Tagen wurde uns angekündigt, dass man uns in die Sammelstelle in Chŏngjin verlegen würde. Wir sollten dazu einer nach dem anderen einzeln aus dem Gefängnis herauskommen. Da nicht genug Handschellen vorhanden waren, mussten die Frauen die Schnürsenkel ihrer Schuhe lösen und damit wurden sie in einer Reihe so fest gefesselt, dass die Hände gerade noch in geringem Maße durchblutet wurden. Wir gingen im Dunkel der Nacht an den Gleisen entlang, und wenn einer stolperte, fielen alle der Reihe nach mit ihm. Ich schlug dem jungen Mann, mit dem ich an eine Handschelle gebunden war, vor, bei Gelegenheit zu fliehen, doch da er eine Familie in Nordkorea hatte, die unter den Konsequenzen seiner Flucht zu leiden hätte, sollte ich alleine fliehen. Ich wusste, dass ich auf dem Weg zu einem Gefängnis war, aus dem man lebenslang nicht mehr herauskam, und bat Gott unentwegt um eine Gelegenheit zur Flucht.

Als wir in den Zug stiegen, wurde uns mitgeteilt, dass es aufgrund eines Stromausfalles nicht sicher wäre, wann der Zug abfahren würde. Vier von fünf Aufsehern, die uns begleiteten, gingen daraufhin frühstücken, und nur einer blieb zurück, um uns zu bewachen. Doch was war das? Der Aufseher war vor Müdigkeit eingenickt! Meine Zeit war gekommen. Mit einem Trick, den ich im chinesischen Gefängnis gelernt hatte, löste ich die Handschellen und stieg in der Richtung aus, in der viele Menschen waren. Ich floh. In Gedanken fliegt man bei einer Flucht in rasanter Geschwindigkeit, doch in der Realität kam ich nur so langsam wie eine Schildkröte voran.

Als ich schon eine ganze Weile unterwegs war, kam der Strom wieder und der Zug konnte losfahren. Ich sah, dass alles so geschah, wie Gott es mir versprochen hatte, und ich erkannte, dass der Stromausfall kein Zufall war, sondern dass Gott mich in seinem Plan leitete. Ich bekam etwas zu essen von der Mutter eines Bekannten und konnte wie durch ein Wunder am helllichten Tage den Tumenfluss durchqueren.

Der Fluss war an jener Stelle etwa 50 Meter breit und das Wasser reichte mir bis zur Hüfte. Auf chinesischem Gebiet angelangt, ging ich nicht in die Dörfer, sondern direkt in die Berge. Mondlicht erhellte die Nacht und ich folgte zu Fuß einem Bergpfad. Als es wieder hell wurde und ich wieder ins Tal kam, sah ich dort Dörfer und einen Fluss. Vor dem Fluss entdeckte ich nordkoreanische Wachen, die im Hinterhalt auf der Lauer waren. Sie standen dort in einer U-Formation rings um den Berg am Tumen, um Grenzgänger abzufangen. Ich bat Gott, dass er mich auf meinem Weg wie ein Kompass führen solle.

Ich orientierte mich wieder an den hohen Bergen und setzte meinen Weg auf einem Bergpfad fort. Zur Mittagsstunde brannte die Sonne auf mich nieder, und ich merkte, dass sich die Wunde an meinem Kopf entzündet hatte. Der stechende Schmerz wurde immer schlimmer. Schließlich war der Schmerz bei jedem Schritt so groß, dass ich nicht weitergehen konnte. Ich machte eine kurze Pause. Meinen bescheidenen Reiseproviant hatte ich schon auf dem ersten Berg aufgegessen. Die darauffolgenden drei Tage aß ich gar nichts, bis ich auf das nächste Dorf stieß. Am Fuße des Berges standen mehrere Häuser. Doch es schien mir, dass nur wenige von ihnen bewohnt waren. Ich betrat ein leer stehendes Haus und fand dort ein paar Kleidungsstücke, die die ehemaligen Bewohner beim Umzug zurückgelassen hatten. Ich durchsuchte das Haus nach Essbarem und entdeckte ein Säckchen mit Mehl und auch ein wenig Öl. In einem Eisentopf mischte ich das Mehl mit dem Öl und machte ein Feuer mit den Kleidern. Das Mehl und das Öl verklumpten und ich begann fieberhaft, die halb garen Mehlklumpen zu essen. Nachdem ich eine ganze Weile gegessen hatte und mein Magen etwas gefüllt war, begann ich das stinkende Mehl zu riechen. Doch ich fühlte mich gut. Summend setzte ich meinen Weg fort, als plötzlich ein Motorradfahrer an mir vorbeifuhr. Er hielt ein Stück weiter vor mir, kam zurück und fragte mich, wohin ich ginge. Es war ein chosŏnstämmiger Mann.

»Ich gehe nach Ryongjŏng«, gab ich ihm zur Antwort.

»Du bist aus Nordkorea, nicht wahr?«

»Ja, da komme ich her.«

Der Mann sagte, er fahre bis nach Ryongjŏng, und bot mir an, mich bis dorthin mitzunehmen. Ohne weiter nachzudenken, stieg ich hinten auf. Während wir uns fortbewegten, fuhr plötzlich ein Auto an uns heran. Die beiden Fahrzeugführer begannen auf Chinesisch, Worte zu wechseln, und ich entnahm dem Gespräch, dass der Autofahrer ein Dorfhäuptling war und dass sie über mich sprachen.

»Wer ist der Junge, der hinten bei dir sitzt?«

»Der Junge ist gerade aus Nordkorea gekommen und da er nach Ryongjŏng will, nehme ich ihn bis dahin mit.«

»Wenn du ihn bei der Polizei anzeigst, geben sie dir wohl 2 000 Won bares Geld.«

Der Dorfhäuptling gab die Telefonnummer zur Anzeige weiter und nachdem das Auto weitergefahren war, begann mein Motorradfahrer das Fahrttempo zu erhöhen. Der Mann dachte wohl, dass ich kein Chinesisch konnte, doch ich hatte jedes Wort verstanden.

»Bitte zeigen Sie mich nicht bei der Polizei an. Wenn ich jetzt nach Nordkorea komme, werde ich dieses Mal sterben. Bitte retten Sie mich.«

»He, wie hast du das verstanden?«

»Ich habe etwas in China gelebt.«

Daraufhin entgegnete er: »Dann hau ab, wenn ich beim Wachposten halte und anrufe.«

Was er da sagte, war völlig absurd. Er sprach, als ob er mit einem Kleinkind redete. Daher sprang ich vom fahrenden Motorrad ab. Als ich ein ganzes Stück weitergelaufen war, wartete dort der chosŏnstämmige Mann am Straßenrand mit seinem Motorrad auf mich.

»Wo hast du gelernt, vom Motorrad abzuspringen?«

»Wenn man bereit ist zu sterben, gibt es nichts, was man nicht tun kann.«

Da sagte mir der Mann: »Folge diesem Weg bis ans Ende.«

Wir befanden uns an einer Weggabelung. Unzählige schlechte Erfahrungen hatten mich misstrauisch gemacht. Daher folgte ich zuerst dem Weg, den der Mann mir gezeigt hatte, und wich aber gleich wieder davon ab und ging wieder in die Berge. Kurz nachdem ich den Berg hinaufgestiegen war, kamen Polizeiwagen. Ich hörte sogar das Bellen der Spürhunde, die sie mitgebracht hatten. Daher stieg ich fieberhaft den Berg hinauf. Ich fürchtete, dass die Hunde mich aufspüren könnten, und versteckte mich auf halbem Weg zum Gipfel in einer Grube. Als ich mich dort hinlegte, fiel warmes Sonnenlicht auf mich und ich schlief ein, sobald ich meine Augen schloss.

Als ich aufwachte, hörte ich das Bellen der Hunde von weiter unten. Ich blieb in den Bergen, bis ich keine Hunde mehr sah oder hörte. Dann bettelte ich in den Dörfern um Geld, um mit dem Bus nach Yŏngil fahren zu können. Es war riskant, aber ich konnte zu Fuß nicht weiter. Gott bewegte das Herz einiger Menschen und ich konnte in den Bus steigen.

Ich wollte nach Chŏngdo gehen und das Shelter finden, in dem ich zuvor gewohnt hatte. Doch ich brauchte wieder Fahrtgeld für den Zug nach Chŏngdo. Daher wollte ich einen bekannten Gemeindeleiter in Yŏngil um Hilfe bitten. Als ich seine Haustür öffnete, empfing er mich herzlich. Er behandelte die entzündete Wunde an meinem Kopf und ich erzählte ihm, dass ich zum Missionar in Chŏngdo fahren wolle. Denn dieser hatte mich großgezogen und war wie ein Beschützer für mich. Auch der Gemeindeleiter hatte kein Geld, doch er half mir, Arbeit auf einer Farm zu finden.

Als ich endlich das Geld zusammenhatte und in Chŏngdo ankam, musste ich feststellen, dass die Shelter alle in die Hände der Polizisten geraten waren. Ich fand dort niemanden mehr vor. Egal, wohin ich ging und nach Arbeit fragte, nirgends wurde ich angenommen, weil ich keinen Personalausweis hatte.

Mit dem Geld, das ich noch hatte, bestieg ich ein Schiff, das von Yentai nach Daeryŏn fuhr. Ich kaufte die günstigste Fahrkarte und setzte mich auf den obersten Platz an Deck. Als das Schiff losfuhr, erschienen zehn Polizisten, die vorne anfingen, die Ausweise zu kontrollieren. Ich rechnete damit, wieder verhaftet zu werden, und betete unaufhörlich zu Gott um Rettung. Denn wenn ich beim Aufstehen gefasst werden würde, hätte ich nicht einmal mehr vom Schiff springen können. Doch eine fünfköpfige Familie, die eine Reihe vor mir saß, konnte sich nicht ausweisen. Alle zehn Polizisten gingen mit dieser Familie hinaus. So konnte ich sicher bis nach Daeryŏn gelangen.

Das Shelter in Chŏngdo war an einen anderen Ort verlegt worden. Auch dort waren aus Sicherheitsgründen keine Kontaktdaten hinterlassen worden. Und weil der Missionar nach Südkorea geflüchtet war, hatte ich keine Möglichkeit, ihn zu erreichen. Da ich keinen Ort hatte, an den ich hätte gehen können, beschloss ich, wieder nach Yŏngil zurückzukehren. Als ich zum Bahnhof in Daeryŏn kam, war es nicht mehr das alte Gebäude, das ich von früher kannte, sondern ein ganz neuer, renovierter Bahnhof. Als ich den Bahnhof betrat, stand dort eine Reihe von Polizisten zur Ausweiskontrolle. Sie hatten sogar einen Computer, um die Ausweise auf Echtheit zu prüfen. Es kam ein Hindernis nach dem anderen. Ich machte kehrt und wollte wieder hinausgehen, als mir ein Polizist zurief: »He, komm her! Zeig mir deinen Ausweis.« In dem Moment dachte ich mir nur: »Jetzt haben sie mich.« Das Einzige, was ich in diesem Augenblick tun konnte, war zu beten. Als ich vor dem Polizisten und dem Computer stand, wusste ich nicht, was ich sagen sollte. Der Polizist forderte mich auf, meinen Ausweis vorzuzeigen, doch ich hatte rein gar nichts, das ich hätte vorzeigen können, und das bedeutete, dass ich wieder schnurstracks ins Gefängnis wandern würde. Zögernd sagte ich:»Ich bin 17 Jahre alt. Ich bin noch zu jung, um mir einen Ausweis ausstellen zu lassen.« Der Polizist musterte mich eine ganze Weile von oben bis unten und sagte dann:»Geh.«

Ich war einer brenzligen Situation entkommen, und ich fuhr drei Tage und zwei Nächte mit dem Zug nach Yŏngil. Ich erlebte eigens, dass Gott mit mir war, und lernte immer mehr, ihm zu vertrauen. Selbst einer wie ich, der ich schwach und voller Misstrauen war, konnte dabei zusehen, wie mein Vertrauen zu Gott Stück für Stück wuchs.

In Yŏngil angekommen, traf ich mich mit dem Gemeindeleiter, der schon lange in der Nordkorea-Mission tätig war. Er lebte nach wie vor mit nordkoreanischen Flüchtlingen zusammen und lehrte sie über die Bibel. Ich nahm am Unterricht teil und half beim Lobpreis in der Gemeinde. Es wohnten je fünf Leute zusammen und wir lasen täglich in der Bibel. Einst hatten diese Lebensgemeinschaften Unterstützung von südkoreanischen Gemeinden bekommen, doch das hatte irgendwann aufgehört. Seitdem hatte der Gemeindeleiter den Wohngemeinschaften jeweils ein wenig von seinem eigenen Lebensunterhalt abgegeben.

Doch von dem Geld konnte man sich nicht viel kaufen. Da ich gerade aus dem Gefängnis kam und noch unterernährt war, zog ich sofort mit dem Geld los, kaufte Fleisch und Tofu und machte mir mit Freunden eine gute Mahlzeit daraus. Den Rest der Woche musste ich ausschließlich von Reis leben. Auch vom Reis aß ich zu jeder Mahlzeit eine riesige Portion, die für fünf Erwachsene gereicht hätte. Doch selbst dann hatte ich immer noch Hunger. Der Mangel, den ich fast zwei Jahre lang erlitten hatte, ließ sich nicht innerhalb weniger Tage ausgleichen.

Eines Tages fanden meine jüngeren Mitbewohner Eisenschrott auf der Straße und kamen so an Geld. Sie kauften davon Fleisch, Brot und Gemüse.

»Was möchtest du essen?«, fragten sie mich und nahmen mich mit in ein Gasthaus, wo sie mir eine Mahlzeit spendierten. Sie hatten meine Geschichte gehört und es tat ihnen wohl leid, dass ich nicht einmal in China meinen unterernährten Körper ausreichend versorgen konnte. Mir war jedoch nicht wohl dabei, auf Kosten meiner jüngeren Mitbewohner zu leben, und ich wollte ihnen beim Sammeln von Eisenschrott helfen. Doch das lehnten sie strikt ab. Mit einer üblen Vorahnung beschloss ich schließlich, ihnen zu folgen. Meine Befürchtungen bewahrheiteten sich, denn meine Mitbewohner sammelten nicht irgendwelchen unbrauchbaren Eisenschrott, sondern stahlen das Material.

Nachdem ich die Wahrheit erfahren hatte, ermahnte ich die Jungen: »Auch Eisenteile, die nicht zur Autoreparatur taugen, haben einen Besitzer. Also hört auf damit. Damit macht ihr Gott keine Freude.« Doch sie widersprachen mir: »Du hast doch auch Hunger! Es gefällt uns viel besser, mit dir ins Gasthaus essen zu gehen!« Ich weiß gar nicht, wie viel ich mit den Jungen über diese Angelegenheit diskutiert habe. Doch ihr Verhalten war nachvollziehbar, wenn man bedachte, dass sie 24 Stunden in einem Haus festsaßen, nichts Richtiges zu essen hatten und sich nur an die Bibel klammern konnten. In der Nachbarschaft duftete es nach allerlei Köstlichkeiten, doch wir hatten nichts, das wir hätten kochen können. Ich konnte sie verstehen und sie taten mir wirklich leid. Nicht weit vom Haus entfernt befand sich ein Feld, auf dem Chili, Chinakohl, Kartoffeln und anderes

Gemüse angebaut wurde. Immer mal wieder nahmen wir von dort ein paar Chilischoten oder einen Kürbis mit und kochten eine Suppe daraus. Es wäre zwar kleinlich, es Diebstahl zu nennen, aber man konnte auch nicht behaupten, dass das Gemüse nicht gestohlen wäre. So sah meine neue traurige Realität aus: nämlich, dass ich in China von gestohlenem Essen lebte. Ich überlegte mir alles Mögliche, um irgendwie diese Situation zu ändern. Doch meine jungen Mitbewohner waren im gesetzlosen Nordkorea aufgewachsen und wollten nicht auf mich hören. Wieder einmal wollten sie mit dem Geld, das sie sich mit Diebesgut verdient hatten, essen gehen. Ich ging nicht mit ihnen. Doch der Mann, der den Jungen das Eisen abgekauft hatte, kam zu uns nach Hause, rief die Jungen und ging mit ihnen hinaus. Als ich die Tür öffnete, um zu sehen, was los war, standen draußen zwei Polizeiwagen und die Jungen wurden gerade festgenommen. Ich floh durch ein Fenster auf der anderen Seite des Hauses.

Es ging für mich um Leben und Tod, als ich aus dem Fenster sprang und über die Mauer kletterte. Der Polizist, der mir nachjagte, war schnell, aber nicht schnell genug, um einen Menschen zu fangen, der um sein Leben rannte. Es gelang mir, den Polizisten zu täuschen und mich im Dorf zu verstecken. Mit Mühe konnte ich mich retten, doch meine Mitbewohner wurden nach Nordkorea zurückgeschickt und für mich blieb im kleinen Yŏngil kein einziger Ort mehr, an den ich gehen konnte. Mit der Familie des Gemeindeleiters zog ich von einem Ort zum anderen, und um den Blicken der Polizisten zu entgehen, lebten wir in Jjimjilbangs. Das sind öffentliche Badehäuser mit Sauna, in denen man beliebig lange bleiben und auch übernachten kann, nachdem man Eintritt gezahlt hat. Auch Jesus hatte keinen Ort, an dem er seinen Kopf ruhen lassen konnte, und genau das erlebte ich nun am eigenen Leibe. Ich teile einen Auszug aus meinem Tagebuch aus dieser Zeit:

10. März 2006, mein Leben als Landstreicher

Bin ich ein Verbrecher? Die Welt weist mich von sich, als sei ich ein Verbrecher. In meiner Angst gebe ich mich in Gottes Hand und danke ihm im Gebet für die Bewahrung am heutigen Tag, doch wenn es dann plötzlich an der Tür klopft … oder wenn ich unterwegs bin …

In ständiger Bereitschaft zu fliehen kann ich nicht einmal in Ruhe schlafen … Wenn ich jemanden Bekanntes treffe, kann ich im Freien nicht mit ihm umhergehen … Und wenn ich ihn bei ihm zu Hause besuche, bin ich auch nicht lange erwünscht …

Man lebt mit der Tatsache, dass man verlassen ist, und gibt sich die Schuld für sein elendes Dasein. Doch nachdem man versucht hat, sich selbst in seiner Einsamkeit und in seinem Schmerz zu trösten, beschließt man schließlich unter Tränen, stark zu sein.

Der Blick wandert von den Dingen, die man tun und erreichen will, auf die eigene schwache Person, die zu nichts fähig ist.

Blind bin ich und sehe keinen Schritt weit, doch unter Tränen lege ich mein elendes Dasein vor Gott nieder.

Wann werde ich wohl eine Nacht in Frieden schlafen können? Mein Herz schreckt bei dem kleinsten Laut auf …

Ich will stark sein, aber mein Herz wird immer wieder schwach in mir …

Ich habe keinen Ort auf der Welt, an dem mein Kopf ruhen kann; ein verlassener Landstreicher bin ich.

Doch weil ich in Gott bin, bin ich glücklich und kann das Leben eines Landstreichers auch am heutigen Tag leben.

Als ich in China lebte, war mein wichtigstes Gebetsanliegen meine Sicherheit. Ich betete, dass ich nicht gefasst werden würde, doch die Furcht ließ mich nie ganz los. Auch wenn ich aß, hatte ich stets den Hintergedanken:»Ich muss jetzt, solange ich kann, viel voressen, bevor ich wieder nach Nordkorea zurückgeschickt werde.« Da ich mich stets in Ungewissheit über den morgigen Tag befand, versuchte ich immer, so viel wie möglich zu essen, wenn es etwas zu essen gab.

Wenn ich unterwegs einen Polizeiwagen sah, versteckte ich mich. Und wenn ich auf der Straße einen Polizisten entdeckte, wich ich ihm wie ein Straftäter aus.

Die Furcht ließ mich nicht los. Auch beim Schlafen ereilten mich Erinnerungen an Verhöre in Nordkorea und schweißgebadet wachte ich inmitten fürchterlicher Albträume auf. Wenn man aufwacht, beruhigt man sich an der Tatsache, dass der Traum nicht Realität ist, aber nachts kehren die Träume ständig wieder. Schließlich begann ich zu fasten und bat Gott, die furchterregenden Träume, die mich jede Nacht heimsuchten, von mir zu nehmen, und daraufhin wirkte Gottes Geist auf mächtige Weise in mir. Seitdem habe ich bis heute keine derartigen Träume mehr gehabt.

Auch an vielen anderen Punkten hat Gott mich wiederhergestellt. In Nordkorea war ich wirklich unzählige Male halb totgeprügelt worden. Es ist erstaunlich, dass mein Körper bis heute keine schwerwiegende, bleibende Behinderung davongetragen hat. Dennoch blieben diese unmenschlichen Behandlungen nicht ganz ohne Folgen. In China litt ich unter so heftigen Kopfschmerzen, dass ich nachts nicht schlafen konnte. Nachdem ich mehrere schlaflose Nächte verbracht hatte, ging ich zur

Gemeinde zum Frühgebet. Als ich Gottes Angesicht im Gebet suchte, berührte er mich durch den Lobpreis.

Gott sagte mir: »Bleibe in mir. Bleibe in mir.«

»Selbst wenn dich die ganze Welt verachtet, habe ich dich erwählt und gerufen. Du bist ein ganz wertvoller Schatz für mich. Ich liebe dich.«

Diese Botschaft berührte mein Herz tief im Innersten und ich weinte. Als ich nach dem Gebet heimging, tat mein Kopf nicht mehr weh. Ich war geheilt worden. Die Kopfschmerzen, für die man im Krankenhaus keine Ursache hatte finden können und die sich nicht mit Medizin behandeln ließen, waren von mir genommen.

Ein bekanntes Gesicht kam mich in Yŏngil besuchen. Es war der Missionar, der mich früher in Chŏngdo unterrichtet hatte. Ich war von unsagbarer Freude und Dankbarkeit erfüllt, ihn wiederzusehen. Wir beschlossen, zu dem Shelter in Shimyang zu gehen, in dem er arbeitete. Später erfuhr ich, dass die Kinder, der Gemeindeleiter und der Missionar im Shelter durchgehend für mich gebetet hatten, ohne ein Auge zuzutun, während ich von Yŏngil nach Shimyang gereist war. So feierte ich am 15. Oktober 2006 Gottesdienst in Shimyang gemeinsam mit dem Missionar und den Kindern, mit denen ich auch früher schon zusammengelebt hatte. Der Missionar sagte zu Beginn des Gottesdienstes: »Es ist nicht jemand alleine aus Yŏngil hierhergekommen. Er ist mit allen hier Anwesenden zusammengekommen.« Als ich diese Worte hörte, realisierte ich von Neuem, dass es ohne Gottes Gnade unmöglich für mich gewesen wäre, an jenem Ort zu sein. Und ich musste unglaublich viel weinen, weil ich an Paul dachte, der ins politische Gefängnislager in

Nordkorea gekommen war. Auch der Missionar betete unter Tränen, als er von Pauls Schicksal erfuhr.

Der Missionar, der keinen Wert darauf legte, sich einen Namen zu machen, liebte die Kinder auch nach zehn Jahren mit unveränderter Hingabe.

Er sagte, dass er wunschlos glücklich wäre, wenn sie alle im Evangelium für die Mission in Nordkorea leben würden, so wie Paul es getan hatte. Wer außer Gott sieht, was diese Menschen mit unendlicher Hingabe und in großer Mühsal tun? An Weihnachten schenkte mir der Missionar eine Karte, auf die er folgende Worte geschrieben hatte:

Frohe Weihnachten!

Du bist groß geworden! Jetzt ist die Zeit gekommen, sich mit viel Mühe darauf vorzubereiten, als erwachsener Mann ein verantwortungsvolles Leben zu führen! Damit du ein Leben wie das unseres Herrn leben kannst, bereite dich auf ein neues Leben in Hingabe für deine Nächsten vor, für dein Land und für alle Seelen dieser Welt – so wie es deine Vorgänger im Glauben getan haben, die ohne Zögern ihr Leben hingegeben haben.
Ich bete, dass du zu deiner bestimmten Zeit gebraucht wirst.

An Weihnachten 2006, Missionar O.

Ich verlasse China

Trotz meiner Mängel möchte ich das Leben Jesu und das meiner Glaubensvorgänger nachleben. So möchte ich für Nordkorea und für das Evangelium leben. Ich kann mit Gewissheit sagen, dass dieser Traum eine Frucht von zahlreichen Stunden tränenreichen Gebets ist.

In Shimyang lasen wir in der Bibel und beteten für Nordkorea und die Welt. Dabei hörte ich von der Möglichkeit, in Amerika die Bibel zu studieren. Sollte das auch für mich möglich sein? Mit Einwilligung des Missionars schickte ich daher eine E-Mail an den Leiter der südkoreanischen Missionsgesellschaft Durihana[*]. Er willigte ein, mich bei meinem Vorhaben zu unterstützen.

Unter der Fürbitte des Missionars und meiner jungen Mitgenossen verließ ich Shimyang im Juni 2007. Ich musste von China über Myanmar und Laos nach Thailand gelangen, um dort bei der amerikanischen Botschaft die Einreise in die Staaten zu beantragen. Dazu müsste ich mich bei der Botschaft einer Untersuchung unterziehen. Wenn ich unterwegs von der chinesischen Polizei gefasst werden würde, würde ich zwangsläufig wieder nach Nordkorea abgeschoben werden. Daher ging es bei der Reise erneut um Leben und Tod. Das Unterfangen war ohne die Hilfe Gottes völlig unmöglich, und viele Menschen standen mir bereitwillig mit Fasten und Fürbitte bei. Sie sprachen mir zu, mutig und stark zu sein. Auf dem Weg von Shimyang nach Kunming gab es zwei Kontrollpunkte. Doch erstaunlicherweise wurden dort alle Passagiere kontrolliert, mit Ausnahme von mir und vier anderen, die mir gegenüber saßen. Es gab keine Erklärung dafür, doch zweimal durfte ich aufatmen und Gott für seine helfende Hand danken.

Ich gelangte heil nach Kunming und schloss mich anderen nordkoreanischen Flüchtlingen an. Wir folgten der Führung eines Mittelsmannes. Den Kontrollpunkten ausweichend

---

[*] www.durihana.net

fuhr ich mit sieben weiteren Flüchtlingen eine lange Strecke in einem kleinen Lieferwagen. Am Fuße eines großen Berges angekommen, warteten wir, bis es dunkel wurde. Als der Tag sich geneigt hatte, rannten wir wie wahnsinnig auf einem Weg, den wir nicht einmal sahen. Eine winzige Leuchte, die uns der Mittelsmann gegeben hatte, gab nicht genug Licht, um uns den Weg zu erhellen. Einmal stießen wir dabei auf einen Bach und stürzten hinein, doch die schlammigen, nassen Kleider hielten uns nicht davon ab, weiter den steilen Berghang hinaufzusteigen. Erst als der Tag anbrach, einigten wir uns auf eine Pause. Wir waren an der Grenze zwischen China und Laos angekommen.

Es schien mir alles unwirklich. Denn wenn ich auf die Zeiten der Ungewissheit und Angst in China zurückblickte, schien es mir, als würde ich mit einem Schritt über die Grenze von der Vergangenheit befreit werden. Der endlos lange Fußmarsch war zwar hart, doch inmitten der Anstrengung war ich froh, denn ich begann, Hoffnung für mein Leben zu sehen.

Als wir den Bergpfad hinunterkamen, wartete wieder ein Lieferwagen auf uns. Der Weg war voller Kontrollpunkte. Wenn wir an einem Wachposten vorbeikamen, beugten wir uns allesamt vor und versteckten uns. Gleichzeitig betete ich zu Gott um Bewahrung. Schließlich hatten wir 16 dieser Kontrollpunkte passiert und näherten uns dem Mekong-Fluss. Wenn wir diesen überquert hätten, hätten wir Thailand erreicht, und dort wären wir nicht mehr in Gefahr, wieder nach Nordkorea zurückgeschickt zu werden. Wir warteten wieder an der Grenze auf die Dunkelheit. Als der Tag sich neigte, stiegen wir in ein langes Kanu und überquerten den etwa 100 Meter breiten Fluss. Wir fürchteten, dass das Boot bei der kleinsten falschen Bewegung kentern könnte und wir als Krokodilfraß enden würden; daher überquerten wir den Fluss unter großer Anspannung. Schlussendlich erreichten wir Thailand und uns überkam Freude über die neu gewonnene Freiheit. Denn wenn wir jetzt gefasst werden würden, ginge die Reise nicht mehr zurück nach Nordkorea, sondern nach Südkorea. Mit einem Bus fuhren wir nach Bangkok.

Am 4. Juli kamen wir im Shelter in Bangkok an. Dort waren viele Familien, die darauf warteten, nach Amerika ausreisen zu dürfen. Wenn man in Thailand zur südkoreanischen Botschaft geht, wird man für etwa zwei Monate ins thailändische Gefängnis gebracht und kann dann in einen Flieger nach Südkorea steigen. Wenn man nach Amerika möchte, muss man sich drei Untersuchungen bei der amerikanischen Botschaft unterziehen, bevor man in die Staaten ausreisen kann. Die nordkoreanischen Flüchtlinge, die keinen Ort zur Bleibe bis zur Ausreise nach Amerika hatten, warteten im thailändischen Shelter. Dort waren auch Frauen, die schon fast drei Jahre warteten, aber denen die amerikanische Botschaft noch nicht die Einreise gewährt hatte. Wenn man nach Südkorea wollte, könnte man innerhalb von drei Monaten dorthin gelangen, doch für Amerika gab es keine genauen Angaben zu den Wartezeiten. Es gab daher auch viele Leute, die zuerst Amerika wählten, aber die lange Wartezeit nicht aushielten und sich schließlich doch für Südkorea entschieden.

Zu jener Zeit waren zwölf nordkoreanische Flüchtlinge im Shelter, die nach Amerika ausreisen wollten. Wenn ich auch nach Amerika gehen wollte, musste ich mit ihnen warten. Jeden Morgen begannen wir den Tag mit Frühgebet und Gottesdienst und wurden von den Mitarbeitern der amerikanischen NGO

»LiNK«* in Englisch und in der Geschichte der USA unterrichtet. Doch weil sich die diplomatischen Beziehungen zwischen den Vereinigten Staaten und Nordkorea besserten, war es unklar, wann uns die Ausreise ermöglicht werden würde. Während ich in Thailand lebte, erhielt ich Hilfe von zahlreichen Menschen. Darunter war eine Frau, die als Missionarin in Malaysia tätig war und die für mich wie eine geistliche Mutter wurde. Ich nannte sie »Mama Lee«. Es tat mir gut, sie ab und zu ein bisschen meckern zu hören, wie man es von einer Mutter gewohnt ist, und sei es nur per Internet. Denn so etwas hörte ich zum ersten Mal, seit ich von meiner Mutter getrennt worden war. Ich spürte deutlich, dass sie sich das Beste für mich wünschte. Und in den Momenten, in denen ich mich allein fühlte, konnte ich mich auf die große Familie verlassen, die Gott mir geschenkt hatte. Ich bin überzeugt, dass auch all diejenigen, die dies gerade lesen, Teil dieser Familie sind, die mir Gott geschenkt hat. Auch Jesus sagte in Markus 3,33-35: »Wer ist meine Mutter? Wer sind meine Brüder? (...) Wer den Willen Gottes tut, ist mein Bruder und meine Schwester und meine Mutter.«

Während meiner Zeit in Thailand wurde ich 20 Jahre alt. Geburtstage kamen zwar jedes Jahr wieder, doch ich konnte nichts dagegen tun, dass sich jedes Mal aufs Neue ein beklemmendes Gefühl in mir breitmachte. An meinem Geburtstag sehnte ich mich besonders nach meiner Mutter, die mich geboren hatte. Doch die kostbaren Menschen in meiner Umgebung sprangen für sie ein. Sie machten mir sogar Geburtstagsgeschenke. Mama Lee schenkte mir eine englische Bibel und eine Geburtstagskarte.

---

* www.libertyinnorthkorea.org

Timothy!
Ich gratuliere dir zum 20. Geburtstag.
Ich wünsche dir, dass du immer gesund bist und ein Leben mit Vision lebst!

Strebe danach, dich vor Gott als guter Arbeiter zu bewähren, der sich nicht zu schämen braucht und der das Wort der Wahrheit kompromisslos predigt.

2. Timotheus 2,15

Das sind Worte, die Paulus an Timotheus geschrieben hat, und Mami möchte dir, Timothy, dieselben Worte an deinem Geburtstag schenken. Ich wünsche dir den Segen unseres Herrn in aller Fülle.

In Liebe, Mami 7. 8. 2007

Die Tage in Thailand vergingen sehr schnell und es war schade um die kostbare Zeit, die so zu verfliegen schien. Mein ungeduldiges Herz wandte sich mit der Zeit von Amerika ab und ich entschied mich für Südkorea. Am 5. Dezember 2007 ging ich zur südkoreanischen Botschaft und wurde ins Gefängnis der thailändischen Einwanderungsbehörde gebracht.

Im Gefängnis lehrte ich Kinder die englische Sprache. Gemeinsam mit einem ehemaligen Englischlehrer aus Nordkorea bildete ich zwei Klassen, in denen wir unterrichteten, und jeden Mittwoch und Sonntag feierten wir mit den Kindern Gottesdienst. Mit der Zeit kamen auch ein paar Erwachsene hinzu. Im Gefängnis waren in etwa hundert Menschen. Ich betete, dass wenigstens die Hälfte zum Glauben kommen würde, bevor sie nach Südkorea gingen, und ich teilte das Evangelium mit ihnen.

Ihnen war schon allein das Wort »Gott« fremd. Es gab welche, die es zum ersten Mal hörten. Menschen, die von klein auf mit der Chuch'e-Ideologie aufgewachsen waren, taten sich unglaublich schwer damit, an Gott zu glauben. Auch wenn ich Nächte hindurch über Kommunismus und das Evangelium sprach, war kein Ende der Diskussion abzusehen. Sie verlangten einen sichtbaren Beweis für Gott, damit sie glauben konnten, doch ich hatte nichts, das ich ihnen vorzeigen konnte. Doch wenn jemand immer wieder Fragen zur Chuch'e-Ideologie stellte, spürte ich beim Antworten, dass Gott lebendig war und wirkte. Ich war überglücklich, wenn jemand, der unzählige Male mit mir diskutiert hatte und stur bei seiner Meinung geblieben war, später zum Glauben an Gott kam und zum Gottesdienst erschien.

Dies begab sich zu Weihnachten. Die Toilette im Gefängnis war verstopft. Die Häftlinge stocherten in der Toilette herum, um die Verstopfung zu beseitigen. Doch wegen der mangelhaften Konstruktion zerbrach dabei die Toilettenschüssel und der Inhalt floss heraus. Leider gehörte das darunterliegende Zimmer dem Gefängnisleiter. Der gab uns daraufhin eine Strafe: Verlängerung der Haft um einen Monat!

Das war eine grausame Strafe. Weil auch das Wasser nicht mehr durch die Toilette abfloss, konnte man sich an heißen Tagen nun nicht mehr duschen, und noch weniger konnte man auf die Toilette gehen. In Thailand schwanken die Temperaturen zwischen 30 und 40 Grad, weshalb es selbst mit funktionierenden Duschen kaum auszuhalten war. Da man nicht auf die Toilette gehen konnte, musste man auch weniger essen. Wegen der überquellenden Toilettenschüssel machte sich ein widerlicher Gestank in der Zelle breit und das wurde den Menschen zu viel. Sie wollten das Geld, das sie hatten, zusammenlegen, um das Problem zu lösen, doch es brachte nichts. Sie wollten einen externen Pastor rufen, der den Häftlingen half, doch auch das ging nicht.

Ich war mir nicht sicher, ob wir auch inmitten einer solchen Situation Sonntagsgottesdienst feiern sollten. Schließlich zog ich saubere Kleidung an und beschloss, mit den Häftlingen Gottesdienst zu feiern.

»Lasst uns zusammen beten. Was für den Menschen unmöglich ist, kann Gott tun.«

Wir beteten gemeinsam und nach dem Gottesdienst ging jeder an seinen Platz zurück. In der Zelle hörte man Stimmen sagen: »Wenn Gott dieses Gebet nicht erhört, werden wir wissen, dass es ihn nicht gibt.«

Ich betete innerlich: »Gott, hast du gehört? Wenn du das Gebet nicht erhörst, bin nicht ich der Schwindler an diesem Ort, sondern du. Du musst das Gebet unbedingt erhören. Das ist deine Sache. Nur du kannst es tun. Erhöre unser Gebet.«

Im Gefängnis wurden an jenem Tag zehn gläubige Häftlinge ausgewählt, denen es genehmigt wurde, mit Häftlingen aus anderen Ländern einen gemeinsamen Gottesdienst zu feiern. Daher nahm auch ich am Weihnachtsgottesdienst des Gefängnisses teil. Dort waren Menschen aus verschiedenen Ländern an einem Ort versammelt. Gemeinsam sangen wir Weihnachtslieder und wünschten uns frohe Weihnachten, und zum Schluss kam von jedem Land ein Vertreter vor, der ein Lobpreislied vorsingen und ein paar Worte sagen durfte. Ich grüßte die Gottesdienstteilnehmer kurz auf Englisch: »Ich freue mich, euch in Jesus kennenzulernen. In Jesus sind wir Brüder und Schwestern. Ich liebe euch im Namen Jesu. Ich wünsche euch Gottes Segen«, und sang das Lied »Still«.

Berge mich in deiner Hand
Schütze mich in deiner starken Hand
Wenn die Meere toben, Stürme weh'n
Werd ich mit dir übers Wasser geh'n
Du bist König über Wind und Flut
Mein Herz wird still
Denn du bist gut

Ich sang Gott dieses Lied und betete dabei:»Du bist Herr über die gesamte Schöpfung. Gott, bitte mach die verstopfte Toilette frei und nimm die Dinge in die Hand, um die ich mich sorge.« Am nächsten Tag bekamen wir eine Nachricht. Es hieß, dass die Haftverlängerung aufgehoben wurde. Und die verstopfte Toilette wurde repariert. Eine für Menschen unmögliche Sache war getan! Diejenigen, die mitgebetet hatten, priesen Gott und riefen:»Gott gibt es also wirklich!«

Ich verbrachte den 1. Januar 2008 im Gefängnis der thailändischen Einwanderungsbehörde. Dort feierten wir um Mitternacht einen Gottesdienst. Ich predigte zu Psalm 23 über Glück. Immer, wenn ich vorne stand, wirkte Gott durch mich, obwohl ich selbst keinerlei Fähigkeiten vorzuweisen hatte. So erhörte Gott mein Gebet, dass die Hälfte der Häftlinge zum Glauben an Jesus kommen sollte, bevor sie nach Südkorea gingen.

Die Zeit im Gefängnis war zwar hart, aber ich habe vieles gelernt. Es war eine unglaublich wertvolle Zeit!

IV.
Südkorea

Neuanfang

Der 22. Februar 2008. Zum ersten Mal in meinem Leben fliege
ich in einem Flugzeug. Ich komme am Inchŏn-Flughafen an.
Vor mir liegt die Republik Korea. Dies ist das Land der Freiheit. Es ist das Land der Möglichkeiten. Es ist das Land des
Lebens. Hier gibt es Pressefreiheit, Religionsfreiheit, Freiheit
zum Leben. Es ist ein Land, in dem man seinen Bemühungen
entsprechend belohnt wird. Es ist auch ein fortgeschrittenes
Land mit Sozialhilfe, das verhungernde Menschen nicht ihrem
Schicksal überlässt.

Ich habe unter demselben Himmel ein völlig anderes Leben
gelebt und verstehe daher auch ein wenig, was wahre Freiheit
ist. Wie auch nur jemand, der in völliger Dunkelheit gelebt hat,
dankbar für Licht sein kann, so war ich dankbar für alles.

Nachdem ich aus dem Flugzeug gestiegen war, wurde ich mit
dem Bus zum nächsten Ort gebracht. Einen Monat lang gab
es eine Vernehmung, dann wurde ich ins sogenannte »Hana-

won«, das Zentrum zur Niederlassungshilfe für nordkoreanische Flüchtlinge, geschickt. Dort lernte ich drei Monate lang vieles über Südkorea. Es gab neben Demokratie, Wirtschaft, Gesellschaft und Kultur so viele neue Dinge zu lernen. Dass wir dieselbe Sprache sprachen, hieß nicht, dass alles andere auch gleich war. Es gab viel mehr als das, was ich in China durch südkoreanische Fernsehserien erfahren hatte. Von den Inhalten, die uns die Lehrer im Hanawon gelehrt haben, möchte ich ein Zitat veröffentlichen, das einen besonders tiefen Eindruck bei mir hinterlassen hat:

Wenn der Himmel einem Menschen eine große Aufgabe überträgt, lässt er ihn zuvor großes Leid und körperliche Anstrengungen erdulden. Er lässt ihn einen Hunger durchstehen, der den Körper bis auf ein Stück Leder abmagert. Er lässt ihn leben, ohne dass er etwas hätte, das er sein nennen könnte. Und er lässt ihn in allem, was er tut, scheitern, um ihn zu lehren, in den schwierigsten Lebenssituationen durchzuhalten. Erst danach schenkt er dem Menschen das, was dieser nicht aus eigener Kraft zu tun vermochte.

Mengzi

Es gab solche, die uns ermutigten, dass wir, wie die Worte des chinesischen Philosophen Mengzi besagten, zu großen Dingen berufen waren und dass sie stolz auf uns seien. Ich wusste zwar besser als jeder andere, was für ein schäbiger Mensch ich war, doch Lob erweicht jedes Herz. Ich wollte dieses Zitat in meinem Leben verwirklicht sehen, Grenzen überwinden und noch Größeres tun. Ich selbst kann es nicht, doch durch die Kraft Gottes ist mir nichts unmöglich.

Am 15. Mai 2008 schloss ich die Schulung im Hanawon ab. In Jechŏn bekam ich eine Mietwohnung von etwa 46 Quadratmetern. Es war das erste Mal für mich, dass ich eine Wohnung auf meinen Namen bekam. Wenn ich bis zu diesem Zeitpunkt wie ein Landstreicher gelebt hatte, hatte ich jetzt eine Heimat, die mir ans Herz wachsen konnte. Endlich konnte ich die Beine ausstrecken und in Ruhe schlafen. Ich öffnete die Haustür, betrat mein neues Zuhause und sprach ein Dankgebet. Doch als ich dort alleine im leeren Raum saß, sammelten sich Tränen in meinen Augen. Bei dem Gedanken, wie schön es wäre, wenn Mutter zusammen mit mir an diesem Ort wäre, und dass ich nun diese glückliche Zeit für mich alleine verbringen würde, schlich sich das Gefühl der Einsamkeit bei mir ein. Ich hatte weder ein Bett noch eine Decke, daher legte ich mich auf den Fußboden und sah den Mond an. Ich dachte an all die Menschen, die ich vermisste, und begann im Monolog mit ihnen zu sprechen. Ich betete für sie. In der ersten Nacht war das Wetter zwar kühl, aber nicht nur deswegen war es eine lange, schlaflose Nacht – sie kommt mir wie die längste Zeit in Südkorea vor, weil ich so viele Gedanken hatte. Auf diese Weise begann ich alleine mein Leben in Südkorea. Vieles bereitete mir Sorgen, doch ich beschloss, auf Gott zu vertrauen, der mich bis zu diesem Zeitpunkt immer begleitet hatte.

In Jechŏn gab es kein Bildungssystem, das auf Nordkoreaner zugeschnitten war. Daher zog ich nach Seoul. Durch einen Freund lernte ich dort eine Dozentin kennen, die zu jener Zeit 84 Jahre alt war und ein großes Herz für nordkoreanische Flüchtlinge hatte. Auch sie war in Pjöngjang geboren und aufgrund religiöser Verfolgung mit 19 Jahren nach Südkorea geflüchtet. Sie war zum Theologiestudium in die Vereinigten

Staaten gegangen und später Dozentin an der Presbyterianischen Universität in Südkorea geworden. Es war herzbewegend zu sehen, wie sie sich in ihrem hohen Alter immer noch voll für nordkoreanische Flüchtlinge einsetzte.

Damals hatte mich jemand, der in Daejŏn eine Englischsprachschule leitete, gefragt, ob ich mitarbeiten wollte. Ich kam ins Grübeln, ob ich Geld verdienen oder studieren sollte. Als ich der Dozentin meine Lage erklärte, sagte sie mir, dass ich bei ihr zu Hause bleiben und beten solle, bevor ich eine Entscheidung traf. So ging ich eine Zeit lang zum Frühgebet der Myŏngsŏnggemeinde, die sich in der Nähe vom Haus der Dozentin befand, und entschied mich, zuerst zu studieren und später Geld zu verdienen. Ich durfte zwei Jahre bei der Dozentin bleiben, um mich auf die Universität vorzubereiten.

Auf die Empfehlung eines Missionars, den ich in Thailand kennengelernt hatte, suchte ich die Yŏmyŏng-Schule auf. Trotz meines Unvermögens unterrichteten mich die Lehrer mit voller Hingabe und versuchten, sich in meine Lage zu versetzen, egal, ob ich mich geschickt oder ungeschickt anstellte. Die stellvertretende Direktorin sagte uns:»Egal, ob ihr gute oder schlechte Leistungen bringt, bin ich stolz auf euch. Denn ich habe euch lieb!«, und damit bewegte sie die Herzen aller Schüler. Ich besuchte die Yŏmyŏng-Schule vom Juni 2008 bis zum Oktober 2009. Danach besuchte ich Kurse zur Vorbereitung auf das Qualifikationsexamen und verdiente nebenbei etwas Geld mit allerlei kleinen Jobs. Durch die Arbeit in Firmen lernte ich auch die südkoreanische Gesellschaft besser kennen.

Es gab unendlich viele Dinge zu lernen. Wegen meiner unzureichenden Englischkenntnisse hatte ich Schwierigkeiten, englische Wörter auf Werbeschildern zu verstehen. In solchen Fällen hätte ich gerne nach der Bedeutung gefragt, aber ich fürchtete, dass man mich dafür auslachen würde, und behielt all diese Fragen für mich. Doch Stück für Stück lernte ich durch Bücher und von meinen Lehrern und konnte die Differenz zwischen den Kulturen verringern. Gleichzeitig begannen auch diejenigen, die mich zu Beginn nicht verstanden hatten, Stück für Stück mein Denken und Verhalten nachzuvollziehen.

Zuvor hatte ich Worte wie »Ich liebe dich«, »Es tut mir leid« und »Danke« nie gehört und auch nie selbst gesagt. Ich hatte nie gelernt, meine Gefühle auszudrücken. Ich dachte, dass es einer Begrüßung gleichkam, wenn ich mein Gegenüber ansah und lächelte, und ebenso, dass es eine angemessene Antwort war, einfach zustimmend zu nicken, wenn ein Erwachsener zu mir sprach. Es brauchte viel Zeit, um meine Gewohnheiten zu ändern. Durch Zusammenstöße und Fehler lernte ich und konnte mich formen lassen.

Im Jahre 2009, als der warme Frühling kam, stieg ich einmal den Weg zum Namsan hoch. Während ich die prachtvollen Blumen betrachtete, dichtete ich folgendes Gedicht:

Von Neuem

Als wäre die Seidenstraße vor mir ausgebreitet
Als würden mich Abertausende Menschen anfeuern
So gehe ich im warmen Licht der Sonne
An der Bühne prachtvoller Blumen entlang

Als würde die Vergangenheit dahinschwinden
So ist mein Ich der Vergangenheit gestorben
Von der Gegenwart und der Zukunft träumend
Betrachte ich die frischen Knospen und blühenden Blumen
Mit einem neuen Versprechen

Wenn ich die vergangenen Tage in Schmerz
und Einsamkeit verbrachte –
Wenn ich die vergangenen Tage ohne Traum und ohne Heraus-
forderung verbrachte –
Wenn ich die vergangenen Tage im Hass auf andere und auf mich
selbst verbrachte –
Wenn ich die vergangenen Tage aufgegeben hatte, ehe ich ihnen
eine Chance gegeben hatte –
So will ich jetzt – von Neuem – beginnen

Auch ich brauchte einen Wandel wie die Jahreszeiten. Ich brauchte Mut, so wie ein Baum, der seine Blätter verliert, aber wieder grün aufblüht. Denn das Leben in Südkorea war anfangs nicht so einfach, wie man es sich vorstellen könnte. Ich wollte gerne zur Universität gehen, doch mit dem minimalen Lebensunterhalt musste ich Miete, Haushalt, die Handyrechnung und Fahrtkosten abdecken, sodass kein Geld für zusätzliche Ausgaben übrig blieb. Wenn ich im Internet nach Arbeit suchte, befürchtete ich, bei leichten Jobs einem Betrug zum Opfer zu fallen, und suchte mir schwere Arbeit, die nicht jeder machen konnte. So saß ich von neun Uhr morgens bis 17 Uhr im Unterricht und ging anschließend direkt zur Baustelle. Am nächsten Tag ging es wieder in die Schule. Während der Arbeit reimte ich mir folgenden Text:

Bauarbeit

Auch in dieser herrlichen Nacht
Arbeiten die Männer lautlos und beständig wie Maulwürfe

Weiß gekleidet wie ein Forscher
Eine Maske vor dem Gesicht, ein Helm auf dem Kopf
Und in den Händen etwas Bauholz und ein Besen
Vom Asbeststaub befreie ich das Material

Nach dem Unterricht in der Schule
Arbeite ich mit den anderen Bauarbeitern auf der Baustelle
Doch für das notwendige Geld muss ich die ganze Nacht bis zur
Dämmerung arbeiten

Ich gehe zur Schule und versuche, die Augen offen zu halten
Der Gedanke, aus eigener Kraft Geld zu verdienen,
Lässt mich nur Freude am Arbeiten verspüren

Wenn ich auf diese Weise studieren und mein Leben aufbessern
kann,
Will ich dieser Arbeit weiter nachgehen
Bis zu jenem Tag, an dem ich Erfolg haben werde

Ich begann, von Neuem Hoffnung für mein eigenes Leben zu
schöpfen. Jetzt, da es mir nach und nach immer besser ging,
suchte ich nach Möglichkeiten, auch anderen in ihrer Not zu
helfen.

Wenn man an die Menschen denkt, die als Obdachlose auch
heute die Nacht im Hauptbahnhof von Seoul verbringen, dann

wünscht man sich einen Ort der Hoffnung, an dem diese Menschen gut aufgehoben wären. Im September 2009 nahm ich mit Schülern der Yŏmyŏng-Schule am Projekt »Habitat« teil. Ich war stolz, Teil dieses Projektes zu sein, welches weltweit Menschen, die wegen eines mangelhaften Wohnumfeldes kein menschenwürdiges Leben führen konnten, wiederaufrichten wollte. Der Leiter des Bauplatzes sagte, dass nicht nur in Südkorea gebaut werde, sondern auch im Ausland; in Zukunft wollte er auch in Nordkorea Häuser bauen, und bat mich um viel Gebet.

Das Projekt erinnerte mich auch an die obdachlosen Menschen in Nordkorea. Weil sie nichts zu essen haben, verkaufen sie ihr Haus für wenig Geld und verbringen die Nächte mit einem Plastiküberwurf am Bahnhof. All die Menschen, die ihre Häuser verlieren und deren Familien ganz zerstreut leben müssen … Die vom Staat gebauten Häuser, die mit den Jahren dem Regen nicht standhalten und kaputtgehen, sodass ihre Bewohner im Freien leben müssen … Ich denke, dass diese Menschen jetzt schon sehr auf das Habitat warten. Meine Arbeit an diesem Projekt weckte in mir den Wunsch, auch in Zukunft an solchen Projekten mitzuwirken. Ich dachte zwar, dass ich durch ehrenamtliche Arbeit anderen Menschen einen Gefallen tat, doch in Wirklichkeit gab es mir selbst neue Herausforderungen und Hoffnung und zeigte mir, wie sehr es sich lohnte zu leben. Ich empfing durch meinen freiwilligen Dienst mehr, als ich geben konnte.

Ich werde manchmal gefragt: »Ist Südkorea gut zum Leben?«
Ich antworte dann: »Ja, es ist hier gut zum Leben.«
Doch innerlich sage ich, dass ich an jedem Ort – sei es Nordkorea, China oder Thailand – glücklich bin, wenn Gott in mir ist.

Egal wie prachtvoll oder schön ein Ort ist – wenn Jesus nicht mit mir an diesem Ort ist, ist er bedeutungslos. Auch als ich im Gefängnis war, konnte ich Frieden haben, weil Gott mit mir war. Ich habe beschlossen, jeden Tag so zu leben, als sei er der letzte. Das schönste Leben ist im Hier und Jetzt, mit Jesus; und dieses Leben ist ganz unabhängig von der tatsächlichen Umgebung.

Im Jahr 2011 wurde ich an der Kŏnguk-Universität immatrikuliert. Ich war zwar spät dran für mein Alter, doch ich war dankbar, dass ich studieren konnte. Von klein auf hatte ich auf Baustellen und auf Feldern gearbeitet und hatte mir immer gewünscht, wie die anderen Kinder zu lernen, und dieser Wunsch war nun in Erfüllung gegangen. Nun war es an mir, diese Chance fleißig zu nutzen. Ich wies diverse Schwächen in Diskussionen, Präsentationen und Englisch auf, und das bereitete mir beim Studium Schwierigkeiten. Ich hatte als Kind keine gute Allgemeinbildung erhalten und nicht viel gelesen, weshalb mir jede Grundlage zum Studieren fehlte. In vielen Bereichen musste ich bei null anfangen, aber ich konnte auch nicht ständig meine Kommilitonen fragen. Daher eignete ich mir alles durch das Internet an.

Ich hätte mich zwar als nordkoreanischer Flüchtling unter einfacheren Bedingungen an der Universität einschreiben können, doch ich wollte nicht während meines Studiums weitere Vorrechte wegen meiner Defizite verlangen. Ich versuchte lediglich, mein Bestes zu geben. Es war tatsächlich sehr schwer, im Vergleich zu den südkoreanischen Studenten gute Noten zu bekommen. Mit der Zeit wurde die Differenz zwischen den Leistungen zwar geringer, doch ich konnte die südkoreanischen Studenten niemals übertreffen. Aber es ermutigte mich, wenn meine Anstrengungen wahrgenommen und akzeptiert wurden.

Für mich durfte es nicht darum gehen, der Beste zu sein, sondern darum, dass ich mein Bestes gab.

Daher war es für mich nicht wichtig, welche Universität ich besuchte oder welche Punktzahl ich erreichte, sondern wie gewissenhaft ich mein Universitätsleben führte und ob ich es bis zum Abschluss schaffen würde. Tatsächlich ließ sich die Hälfte der nordkoreanischen Studenten an meiner Universität beurlauben oder brach das Studium ab. Das lag zwar zum Teil daran, dass sie dort niemanden hatten, der sich für sie interessierte und sie anleitete, doch viele verloren auch ihr Selbstbewusstsein als Student und gaben das Studium als Ganzes auf.

Ich gründete an der Universität ein Gebetstreffen für Nordkoreaner. Einmal im Monat wollte ich zusammen mit anderen Studenten für die nordkoreanischen Studenten unserer Universität und für Nordkorea beten. So kam ich etwa ein Jahr lang in regen Kontakt mit südkoreanischen und nordkoreanischen Studenten, schloss Freundschaften und versuchte so, eine kleine Wiedervereinigung zu beginnen.

Meine Familie

Ich werde vielleicht nie aufhören, meine Mutter zu vermissen, aber ich bin Gott unendlich dankbar für die neue Familie, die er mir auf der ganzen Welt geschenkt hat, die für mich da ist und für die ich da bin. Ich möchte einige Beispiele erzählen.

Aufgrund meiner vielen Gefängnisaufenthalte befand sich mein Körper in einem schlechten Zustand. Deswegen war ich oft im Krankenhaus und wurde operiert. Einmal ging ich für eine Krankenhausaufnahme zur Nationalen Klinik. Ich erfuhr, dass für eine Aufnahme die Einwilligung eines Angehörigen erforderlich war. Da ich keinen Vormund oder Angehörigen hatte, erklärte ich, dass ich mein eigener Vormund sei, doch das Krankenhaus bestand darauf, dass ich jemanden mitbringen müsse. Es sei auch in Ordnung, wenn es ein Bekannter sei. Also telefonierte ich herum. Ich rief jeden an, den ich kannte, und bat um Hilfe, doch alle waren zu beschäftigt und es kam niemand. Dabei hätte ich nur eine Unterschrift gebraucht. Einen halben Tag wartete ich draußen vor dem Krankenhaus. Ich fühlte mich sehr allein in diesen Stunden und betete zu Gott. Er versprach mir, dass er mein Vormund sein und sich um alles kümmern würde.

Ich kann niemals vergessen, wie ein Pastor an jenem Tag zu mir kam und als Vormund die Formulare unterschrieb und auch während meiner Operation bei mir blieb und für mich betete. Während ich operiert wurde, schrieb mir der Pastor folgenden Brief.

An Timothy Kang

Timotheus, mein lieber Sohn, werde stark durch die Gnade, die Gott dir in Christus Jesus schenkt. Was du von mir gehört hast, das sollst du auch weitergeben an Menschen, die vertrauenswürdig und fähig sind, andere zu lehren.

2. Timotheus 2,1-2

Ich schreibe dir, Timothy, zum ersten Mal einen Brief. Ich bete, dass du jemand wirst, der sich selbst stirbt und durch Jesus allein lebt. Die Menschen, mit denen Gott viel vorhat, trainiert er auf verschiedenste Weise. Wenn man ins versprochene Land Kanaan geht, sieht man dort das Tote Meer, welches sich am tiefsten

Punkt der Welt befindet, und man sieht den Berg Hermon, auf
dem der ewige Schnee auch im Sommer liegt. Wenn man ab-
wechselnd zum Toten Meer, das 460 Meter unter dem Meeres-
spiegel liegt, und zum Hermon sieht, erkennt man, dass Gott sich
wünscht, dass ein Mensch in ihm wächst und vom tiefsten bis
zum höchsten Ort alles in sich vereint.

Denn er kennt den Weg, der bei mir ist. Prüfte er mich, wie
Gold ginge ich hervor.

Hiob 23,10 (Elb)

Ich glaube, dass Gott dich, Timothy, neu schafft, um dich rein wie
Gold zu machen. In Gottes souveräner Voraussicht ist jedes Haar
auf unseren Köpfen gezählt, und Gott sagt, dass außerhalb seines
Willens kein Sperling zur Erde fällt.

Ich bete, dass du Gott selbst im Angesicht von Nöten danken
kannst und dass du Gott die Ehre gibst, wenn dir Gutes
geschieht. Ich bete, dass du ein treuer Mensch Gottes wirst.

Ich glaube, dass alles, was mit dir geschieht, nachdem du zum
Glauben an Jesus gekommen bist, Gottes Segen in deinem Leben
ist, und wünsche dir, dass du voller Erwartung auf noch größere
Dinge leben kannst.

Ich wünsche dir, dass du nicht seufzen musst, wenn kein Mensch
bei dir ist, sondern dass du derjenige wirst, der sich an die Seite
eines Menschen stellen kann, der es dringend braucht, und dass du
diesem Menschen mit dem Herzen und Denken Jesu Christi Trost
schenken kannst.

Das Leben entfaltet sich nach dem Gesetz des Säens und Erntens, und letztendlich kommt es auf das gemeinsame Werk von Gott und dir an.

Wer sich ergiebig um den gegenwärtigen Tag kümmert, wird die Früchte ernten.

Im Leben geht es darum, Menschen zu kennen, und je tiefer du einen Menschen kennenlernst, desto reicher kann dein Leben werden.

Es gibt unter Menschen keinen zu guten und keinen zu schlechten Menschen. Wie gut ein Mensch wird, hängt davon ab, wie viel Gutes man in ihn investiert, ihn mit Liebe ansieht, ihn ermutigt und tröstet, und wie hohe Erwartungen man an ihn stellt.

Daher braucht es in jeder zwischenmenschlichen Beziehung Liebe und Erbarmen, und diese schlagen ihre Wurzeln durch mit Beharrlichkeit und Durchhaltevermögen.

Der Mensch ist böse, willkürlich und egoistisch, und deswegen wird man zwangsläufig enttäuscht, wenn man im Leben auf einen Menschen baut.

Der Mensch ist nicht jemand, dem man Glauben schenken sollte, sondern jemand, dem man vergeben und dienen muss, und er verändert sich, wenn man ihm viel Zeit und Geduld schenkt.

Es ist Sünde, ohne Fleiß zu leben; die Bibel sagt, dass der Faule nicht einmal essen soll. Sei dir bewusst, dass das Gebet der Arbeit entspricht und die Arbeit dem Gebet.

In der Hoffnung, jeden einzelnen Tag Gott hinzugeben,
Vor dem OP-Saal am 11. November 2008
mit Wünschen zur schnellen Genesung

Als ich alleine im Krankenzimmer lag, war derjenige, der stets zu mir sprach und mit dem ich mich unterhalten konnte, Gott selbst. Wenn ich Schmerzen hatte oder wenn es mir schlecht ging, wenn ich mich einsam fühlte oder um mein Leben rang, konnte ich durch Gebet zu ihm sprechen. Weil ich trainiert war, mein Leben alleine mit ihm zu führen, konnte ich für meinen Herrn, der stets an meiner Seite war und zu mir sprach, in der Hoffnung auf sein Reich leben.

Ich hatte in meinem jungen Alter eine kaputte Leber. Ich benötigte Gebet. Wegen meiner Leber war ich oft im Krankenhaus und ich betete, weil ich leben wollte. Tatsächlich normalisierten sich meine Werte und der Zustand meiner Leber ist inzwischen viel besser.

Wenn mich Finsternis umgibt und ich nicht nach vorne sehen kann, setze ich mich nicht in Verzweiflung nieder, sondern bete zu Gott, der meine Kraft und Stärke ist. Denn in meinem Leben habe ich mehrfach erfahren, dass es das Unmögliche nicht gibt, wenn er die Kraft dazu gibt. Ich denke, dass Leid, so wie der Dorn im Fleisch des Paulus, einem Geschenk gleicht, das uns dazu bringt, noch mehr auf Gott zu schauen.

Als ich nach Südkorea kam, habe ich mich bei einem Versicherungsunternehmen versichern lassen. Da ich zuvor keine Krankengeschichte in Südkorea hatte, war es leicht, mich versichern zu lassen. Doch nach einem Jahr und acht Monaten bekam ich einen Anruf von der Versicherung, die mir den Vertrag kündigte. Ich hatte mit den Rechnungen von meinen

Krankenhausbehandlungen eine Erstattung beauftragt, doch sie prüften meinen Fall und ermittelten, dass meine Leberprobleme schon vorher bestanden hatten, und kündigten mir deshalb den Vertrag. Das machte mich wütend, doch gleichzeitig erkannte ich, wie schnell ich durch meine Furcht ins Wanken geriet, obwohl Gott immer mein Beschützer und meine Versicherung gewesen war. Seitdem schaue ich auf Gott allein, der meine Lebensversicherung ist, und bin gesund.

Nachdem ich nach Südkorea gekommen war, merkte ich mir das Geburtsdatum des Missionars, der sich in China um mich gekümmert hatte, und schickte ihm zum Geburtstag eine E-Mail. Es tat mir leid, dass ich bis dahin kein einziges Mal an seinen Geburtstag gedacht hatte. Bald darauf kam eine Antwort.

Auch heute bin ich gerade auf dem Weg zur Arbeit. 16 Stunden im Zug und zehn Stunden im Bus brauche ich für meinen Arbeitsweg. Ich nehme mir gerade kurz Zeit, um dir diese E-Mail zu schreiben. Dass jemand an meinen Geburtstag denkt und mir gratuliert, ist sehr ungewohnt für mich. Denn ich habe mich kein einziges Mal um meinen Geburtstag kümmern, ja, nicht einmal an ihn denken können. Obwohl mir das eigentlich leidtut, weil Gott mir dieses Leben ja geschenkt hat... Es schien mir einfach zu egoistisch, ein Leben zu führen, in dem ich die Gelassenheit hätte, an meinen Geburtstag denken zu können... Ich mache mir immer Sorgen um deine Gesundheit. Vergiss nicht, dass du trotz großer Pläne nichts tun kannst, wenn du deine Gesundheit verlierst. Achte darauf, dass du dich stets auf eine Sache konzentrierst und dich nicht von zu vielen Dingen gleichzeitig ablenken

lässt. Und höre immer auf das, was dir nahestehende Erwachsene
sagen. Ich wünsche mir, dass du deinen bevorstehenden Weg nicht
mit Ehrgeiz beschreitest, sondern mit Vernunft lebst. Ich hoffe
auch, dass du deinen zukünftigen Weg nicht durch Konkurrenz-
kämpfe bestimmst, sondern eine Arbeit wählst, die in der Realität
und in der Zukunft Bestand hat.

Schaffe dir ein klares Bild von der Realität und behalte die
Zukunft im Blickfeld. Es ist unglaublich wichtig, die Prioritäten
richtig zu setzen ... Wenn einer von euch den Weg des Glaubens
weitergeht und mit Bestimmtheit sagen kann, dass er sein Leben
erfolgreich gelebt hat, bin ich damit mehr als zufrieden. Die Kraft
eines Menschen ist zwar klein, aber wenn ER mit einem Men-
schen ist, hat dieser unendliche Kraft. Vergesst daher nicht, dass
ich große Erwartungen an euch habe. Wir werden noch über die
Universität, Beziehungen und die zukünftige Arbeit sprechen,
wenn wir uns sehen. Doch im jungen Alter will man mit Ehrgeiz
höher hinaus, als man fähig ist ... Ich bin überzeugt, wenn man
sich immer wieder selbst prüft und seine Entscheidungen im Ge-
bet nach dem Wort des Höchsten trifft, dass man sich dann selbst
in einer Position wiederfinden wird, in der man vielen Menschen
eine Freude bereiten kann ... Ihr müsst wissen, dass meine Liebe
zu euch ganz besonders ist.

Auf den Sieg durch den Glauben ...
Dein dich so liebender Papa
9.10.2009

Ich danke dem Missionar, der mir in seinem Leben die Liebe
Gottes vorgelebt hat. Und ich ehre all die Menschen, die vor Ort
als Missionare dienen. Sie sind Menschen, denen ich nacheifern

möchte. Der Wert ihrer Liebe und ihres Gebetes ist nicht in Worte zu fassen.

Eine Frau, die ich in Thailand kennengelernt hatte, bekam ein Haus in Gongju. Ich ging sie dort ab und zu besuchen. In ihrem Haus standen Gefäße mit Götzenabbildern, doch als ich ihr von Gott erzählte, warf sie all diese hinaus. Da sie unter vielen körperlichen Beschwerden litt, hatte sie sich in der Hoffnung auf Heilung solchen Dingen zugewandt. Ich bat Gott um Heilung für sie. Ich betete auch für ihre Tochter, die in China in den Menschenhandel geraten war.

Als die Frau in ein Krankenhaus aufgenommen wurde, konnte ich nicht mehr tun, als sie dort zu besuchen, ihr zuzuhören und um ihre vollständige Genesung zu beten. Wenn man krank ist, sehnt man sich noch viel mehr als sonst nach seiner Familie. In Ungewissheit darüber, ob ihre Tochter noch am Leben war, weinte die Mutter in Sehnsucht nach ihrem Kind. Ich betete mit ihr für ein Wiedersehen mit ihrer Tochter.

Ein Jahr später erhielt ich eine Nachricht. Die Frau hatte ihre Tochter in Südkorea gefunden. Die Freude darüber, sein verlorenes Kind wiederzufinden, kennt wohl nur jemand, der das selbst erlebt hat. Dass in dem Zimmer nicht mehr eine einsame Person allein saß, sondern zwei gemeinsam wohnten, beruhigte mich und erfreute mein Herz.

Eines Tages erhielt ich einen Anruf von einem älteren Bekannten, den ich auch in Thailand kennengelernt hatte. Er hatte an jenem Tag Geburtstag, aber keine Familie, und war alleine zu Hause. Er hatte durch sein Adressbuch geblättert und war dabei an meinem Namen hängen geblieben. Ich konnte ihm die Bitte, zu ihm nach Hause zu kommen, nicht ausschlagen. Leute, die ihre Familie im Norden gelassen haben, werden am Geburtstag oder an Feiertagen von einer großen Einsamkeit überfallen. Es ist ein zerreißender Schmerz, der einen Menschen in solchen Situationen heimsucht.

Nach dem Unterricht ging ich zu diesem Bekannten nach Hause. Wir machten eine kleine Geburtstagsfeier, aßen zusammen und erzählten uns von unserem Leben in Nordkorea. Wir schwelgten in Erinnerungen an die Zeit mit unseren Familien und verbrachten so den Geburtstag.

Man lebt sein Leben nicht alleine auf der Welt, sondern gemeinsam. Die Schönheit des Lebens liegt nicht darin, alleine glücklich zu sein, sondern im gemeinsamen Glück. Ich beschloss, im Leben gemeinsam glücklich zu sein. Seitdem mache ich Menschen, die ins Krankenhaus kommen oder alleine den Geburtstag verbringen, ein Überraschungsgeschenk. Ich glaube, dass nicht das Materielle einen Menschen glücklich macht, sondern das Beisammensein mit anderen Menschen. Und ich habe erkannt, dass Liebe nicht nur aus Worten besteht und sich nicht nur durch große Dinge ausdrücken lässt, sondern dass sie in den ganz kleinen Dingen enthalten ist.

Weltweite Fürbitte für Nordkorea

Im Juni 2008 nahm ich an der Empower-Konferenz in Seoul teil. Es kamen Menschen aus aller Welt zusammen, um für Nordkorea zu beten und Berichte von Missionaren vor Ort zu hören.

Dort waren auch viele japanische Missionare. In Nordkorea hatte ich immer gedacht, dass Japaner Menschen waren, denen niemals vergeben werden könnte. Aufgrund der japanisch-koreanischen Geschichte waren wir so erzogen worden. Doch als einer von ihnen zu mir sagte:»Bitte vergib Japan«, wurde mir bewusst, dass Jesus mir vergeben hatte und ich nicht zu überlegen brauchte, ob ich vergeben sollte oder nicht. Als wir gemeinsam beteten, füllte Gott mein Herz mit Vergebung für die Japaner.

So hatten wir mit Japanern, Amerikanern, Chinesen, Engländern und Vertretern vieler anderer Nationen eine wertvolle Zeit, in der wir unter Tränen für Nordkorea beteten. Unter ihnen waren auch viele, die einen Ruf zum Dienst für Nordkorea hatten. Das weckte eine große Erwartung in mir darüber, wie Gott in der Zukunft wirken würde.

Ich betete unter Tränen für das Wirken des Evangeliums. Weil ich nicht alleine bin, sondern gemeinsam mit Menschen Gottes dafür stehe, glaube ich fest daran, dass das Evangelium Nordkorea eines Tages erreichen wird.

Als ich in Südkorea angekommen war und mit dem Bus durch die Straßen fuhr, sah ich unglaublich viele Kreuze – nachts leuchteten sie und ich scheiterte bei dem Versuch, sie zu zählen. Ein undenkbarer Anblick in Nordkorea oder auch China. Als ich die vielen Kreuze sah, dachte ich mir:»Es werden wohl viele Südkoreaner in den Himmel kommen!« Ich wollte all die Gemeinden besuchen, die ihre Missionsteams auf Kurzeinsätze zu uns nach China geschickt hatten.

An allererster Stelle steht für mich stets der Gottesdienst, denn es gibt nichts Kostbareres als die Begegnung mit Gott. Man gibt Gott nicht den Zehnten, um seinen Segen zu erhalten, sondern man bekennt damit, dass alles Gott gehört und dass man sein ganzes Leben für ihn hingibt. Ich übte mich darin, während der U-Bahn-Fahrten in ihm zu ruhen, indem ich sein Wort las und durchgehend betete. Gott wünscht sich mehr als alles andere, dass seine Kinder in ihm bleiben.

Ich bemühte mich, meine Aufmerksamkeit auf seine Stimme zu lenken, anstatt meinen eigenen Gedanken zuzuhören. Ich brauchte stets diese Übung, damit mein geistliches Leben nicht abstumpfen würde, und ich war überzeugt, dass ich für ein Leben in wahrer Anbetung Gut und Böse unterscheiden musste und keine falschen Kompromisse gegenüber der Welt eingehen sollte.

Es bedurfte viel Übung, um alles abzulegen, was mir wertvoll war, und Gottes Wort gehorsam zu sein. Ich tue jeden Tag von Neuem Buße und komme vor den wunderbaren Gnadenthron Gottes.

Im Februar 2009 war ich mit zehn nordkoreanischen Studenten in Neuseeland. Ich beneidete die Menschen, die ein so friedliches Leben führten. Wir besuchten viele Gemeinden und teilten dort Gebetsanliegen für Nordkorea. Unter den Südkoreanern in Neuseeland gab es auch welche, die noch mit der Vorstellung lebten, dass Nordkoreaner Hörner auf dem Kopf haben. Doch sie freuten sich darüber, zum ersten Mal selbst einen Nordkoreaner zu treffen, und auch ich freute mich. Am letzten Tag kam ein Jugendlicher zu mir gab mir einen Brief.

An Bruder Timothy

Ich wünsche mir, dass Gott mit uns ist und uns in Disziplin leitet und uns hilft, bis wir uns wiedersehen.

Ich wünsche mir, dass er uns bewahrt und versorgt,
egal wo wir hingehen.
Er bewahre dich vor allen Gefahren und nehme dich fest
bei der Hand.
Er beschütze dich, dass du die Macht des Todes überwinden
kannst.
Bis wir uns wiedersehen, bis wir uns wiedersehen, sei er mit dir.

Gesangbuch, Lied 524

Ich habe dir heute Morgen die Hand geschüttelt. Als ich für drei
Jahre in Südkorea gelebt hatte, dachte ich immer, dass Nordkorea
ein fernes, fremdes Land ist, doch durch dich habe ich verstanden,
dass ihr unsere Landsleute seid! Weil ich zuvor nur in Neuseeland
gelebt hatte, bin ich in Südkorea durch eine Identitätskrise gegan-
gen. Doch ich habe erkannt, dass ich ein Kind Gottes bin, das zu
Gottes Reich gehört.

Lass uns allein auf sein Reich hoffen!
Auf dass wir uns im Namen Jesu Christi wiedersehen…

Für sein Reich, für seine Gerechtigkeit!
In Liebe zu unserer Heimat,
der kleine Ausländer U.

Was der Junge in seinem Brief geschrieben hatte, gefiel mir
sehr. Er schreibt nämlich, dass wir an jedem Ort Landstreicher
sind. Auch ich war durch eine Identitätskrise gegangen, als
ich nach Südkorea kam. Denn solange ich nicht die Wahrheit
über meine Herkunft preisgab, war ich auch nicht verdächtig,

doch sobald ich meine Identität offenlegte, wurde ich plötzlich gleichgültig und kalt behandelt. Daher grübelte ich, ob ich nun mit meinem südkoreanischen Ausweis wirklich ein Bürger der Republik Korea geworden war oder als Bürger der Koreanischen Republik ein nordkoreanischer Flüchtling war oder als nordkoreanischer Flüchtling ein Bürger der Koreanischen Republik. Es scheint zwar im Großen und Ganzen alles dasselbe zu sein, aber es verwirrte mich.

Ich musste die Tatsache akzeptieren, dass ich ein nordkoreanischer Flüchtling war. Ich musste vor den Südkoreanern zu meiner Herkunft stehen und ihre Gleichgültigkeit in Interesse wandeln. Ich erlebte auch Fälle, bei denen sich anstelle von Benachteiligungen Vorteile ergaben. Inzwischen verrate ich mutig und ohne mich zu schämen meine Identität als nordkoreanischer Flüchtling und versuche, ein Verständnis für Nordkorea zu schaffen.

Wenn man in Nordkorea nur dreimal am Tag von Maisbrei satt werden würde, müsste man nicht flüchten, sich von seiner Familie trennen, und man würde auch nicht in Menschenhandel geraten.

Was kann man einem verhungernden Menschen sagen? Wer möchte schon in Nordkorea geboren werden? Doch aus dem alleinigen Grund, dass sie dort geboren wurden, sind viele Menschen Verbrechern gleich geworden. Denn das gesamte Land ist ein einziges Gefängnis. Es ist verboten hinauszugehen, doch ich denke, dass jeder Mensch mit Verstand früher oder später aus diesem Gefängnis ausbrechen wird.

Manche Ausländer, die Pjöngjang mehrfach besucht haben, sind der Meinung, dass sie Nordkorea kennen. Jeder Ausländer bekommt nach seiner Ankunft einen Aufpasser an die Seite gestellt, der ihn oder seine Gruppe bis zur Abreise nicht aus den Augen lässt, das Programm bestimmt und genaue Anweisungen gibt, wo fotografiert und mit wem gesprochen werden darf. Kontakte zur Zivilbevölkerung gibt es keine. Diese Touristen urteilen nach ihrem eigenen Maßstab, nachdem sie nur die Orte gesehen haben, die Nordkorea ihnen gezeigt hat. Über Kultur, Politik und das Militär sprechen sie immer von ihrem eigenen Standpunkt. Ich habe schon viele Menschen gesehen, die sich dementsprechend nicht in die Lage der Flüchtlinge hineinversetzen konnten und sich an die Seite der Regierung stellten. Doch kann man das, was diese Leute gesehen haben, wirklich als Nordkorea bezeichnen? Wenn nicht, kann man das, was die Flüchtlinge gesehen und erlebt haben, als die Gesamtheit Nordkoreas bezeichnen?

Ich denke, dass weder das eine noch das andere zutreffend ist. Wenn man Nordkorea betrachtet, darf man nicht einseitig denken, sondern muss beide Seiten betrachten können. Man muss die drei Millionen Einwohner Pjöngjangs sehen, die den Kern der nordkoreanischen Gesellschaft bilden, und die restliche Bevölkerung außerhalb der Hauptstadt, die in den Provinzen außer Acht gelassen wird.

Für eine friedliche Wiedervereinigung

Nord- und Südkorea haben sehr unterschiedliche Vorstellungen von einer möglichen Wiedervereinigung. Den Ausdruck »unsere eigene Wiedervereinigung« habe ich zahllose Male in Nordkorea gehört. Wir hatten gelernt, dass der »Todfeind USA« Nord und Süd geteilt hatte und dass es auch wegen der USA, die sich in Südkorea stationiert hatten, nicht zur Wiedervereinigung kam. Wir dachten, dass wir »unsere eigene Wiedervereinigung« durchführen könnten, wenn sich nur die USA aus Südkorea zurückziehen würden. Über Südkorea dachten wir, dass es unter amerikanischer Fremdherrschaft wie ein Sklave in Armut lebte und dass eine Wiedervereinigung für die Südkoreaner einem Rettungsakt gleichen würde. Dies sind Inhalte, die ich als Kind gelernt habe.

Als ich nach meiner Flucht nach Südkorea kam und zur Universität ging, sah ich in den Südkoreanern keines von den Konzepten, die ich von den Nordkoreanern kannte. Die Menschen in Südkorea schienen einfach gar kein Interesse an einer Wiedervereinigung zu haben. Immer wenn ich auf solches Desinteresse stieß, sah ich mich gezwungen, zu erklären, warum wir unbedingt eine Wiedervereinigung brauchten.

Ich denke, dass die Wiedervereinigung auch ganz plötzlich an einem unerwarteten Tag kommen kann. Danach werden die Menschen in Nordkorea Erziehung und Bildung zur Erneuerung ihres Bewusstseins brauchen, neue Arbeitsplätze werden benötigt werden. Den Menschen dort müsste versichert werden, dass sie von nun an in Freiheit leben könnten und das alte System nicht wieder errichtet würde. Denn sonst würde wohl eine Massenflucht nach Südkorea einsetzen, sobald die Grenzen auch nur einen Spalt weit geöffnet würden. Es wird für beide Seiten eine große Herausforderung werden, aber es liegt auch sehr viel Potenzial in der Wiedervereinigung.

In Südkorea gibt es ein eigenes Ministerium für die Wiedervereinigung mit Nordkorea. Im Juli 2011 nahm ich am großen Marsch für eine friedliche Wiedervereinigung von diesem Ministerium teil. Ich übernahm dabei die Leitung von Team

Nr. 10, das den Namen »Frieden« trug, und war für zwölf Studenten verantwortlich.

An der südkoreanischen Grenze der entmilitarisierten Zone teilten wir miteinander unseren Schmerz über die Teilung des Landes. Das geteilte Land, Waffenstillstand, Soldaten, die durch die Stacheldrahtzäune ihre Gewehre aufeinander richten – warum?

Das Unglück der Teilung besteht schon 70 Jahre. Die älteren Generationen, die den Krieg miterlebt haben, vergessen zwar nicht die damaligen Geschehnisse, doch wir können das Unglück des Bruderkrieges nicht wirklich fassen. Ich, der ich in einem völlig andersartigen System aufgewachsen war, konnte meinen Teil berichten und mit den Menschen leiden, die noch hinter den Gittern stöhnen.

Auf der Veranstaltung gab es ein Quiz über Nordkorea und auch einige Theaterstücke zum Thema. Während ich zusah, wie die Leute sich in Freiheit präsentierten und ihre Talente vorführten, dachte ich viel an meine Freunde in Nordkorea. Meine Freunde, die sich in der Unterdrückung nicht frei entfalten konnten, taten mir leid, und als ich mich an diejenigen erinnerte, die verhungert waren, stiegen mir Tränen in die Augen.

Andererseits war ich stolz auf alle Teammitglieder, die ein bewusstes Leben in der südkoreanischen Gesellschaft führten. Ich war jedem einzelnen Teammitglied, das meiner Anleitung trotz all meiner Schwächen gefolgt war, sehr dankbar. Ich spürte, dass dieses Treffen von Nord und Süd, das zuvor unvorstellbar gewesen war, der Beginn der Wiedervereinigung war. Die sechs Tage, die wir gemeinsam verbracht haben, werde ich nie vergessen. Am letzten Tag schrieben wir uns gegenseitig Botschaften auf unsere T-Shirts.

Ich wäre gern zusammen mit meinen Teammitgliedern über den Stacheldrahtzaun geklettert, um ihnen meine Heimat zu zeigen. Noch ist dies ein Traum, den ich mir nur in meiner Vorstellung ausmalen kann, doch ich bin voller Erwartung, dass der Tag, an dem man frei durch Nordkorea reisen kann, bald kommen wird. Der Tag wird kommen, an dem ich meinen nordkoreanischen Freunden etwas von meinem Essen abgeben kann. Der Tag wird kommen, an dem ich dies lesen und denken werde: »Ja, so war das früher.« Der Tag wird kommen, an dem ich morgens kalte Nudeln in Hamhŭng essen werde, mittags Ong'yukwan-Nudeln in Pjöngjang, und abends einen Eintopf in Uijŏngbu, und zum Nachtisch noch einmal Bibimbab in Jŏnju.

Wenn es eine Art von Wiedervereinigung gibt, die ich mir persönlich wünsche, dann in einer Form, dass Nordkoreaner ganz natürlich nach Südkorea reisen und Südkoreaner gleichermaßen auf ganz natürliche Weise Nordkorea bereisen. Ich stelle mir vor, wie beide Seiten auf diese Weise ihre Kulturen und ihr Leben miteinander teilen und getrennte Familien wieder zueinander finden und das groß feiern! Nur dann können auch die ehemaligen Bewohner des Chosŏnreiches, die jetzt als Staatenlose in Japan leben, in ein ungeteiltes Heimatland zurückkehren. Und ein solches Korea kann die Chosŏn-Diaspora, die auf der ganzen Welt zerstreut lebt, wieder aufnehmen. Ich bete, dass die koreanische Halbinsel rasch wieder ein Staat wird. Und ich glaube, dass eine kleine Wiedervereinigung, ja, der Beginn der Wiedervereinigung darin besteht, dass nordkoreanische Flüchtlinge und Südkoreaner, die am selben Ort wohnen, lernen, sich zu vereinen. Vielleicht leben die nordkoreanischen Flüchtlinge schon heute im zukünftigen wiedervereinigten Korea.

Das Problem der koreanischen Halbinsel muss auf friedliche Weise gelöst werden. Doch wenn die Teilung Koreas zwischen den Großmächten weiter vorangetrieben wird, kann der Konflikt zwischen Nord und Süd auf furchtbare Weise eskalieren. In Nordkorea waren wir immer auf Krieg eingestellt. Durch Militärparaden, Propaganda und Übungen war uns die Gefahr ständig präsent. Doch als ich nach Südkorea kam, fiel mir gleich auf, dass die südkoreanische Bevölkerung sehr lässig war. Es wirkte fast so, als wäre sie gar nicht auf einen möglichen Krieg vorbereitet. Wenn also eine nordkoreanische Rakete im Zentrum von Seoul einschlagen würde, würde es viele Opfer geben. Selbst wenn alle in die U-Bahn flüchten würden, ist ungewiss, wie viele Leute dort hineinpassen, und man weiß nicht, wo sich Schutzräume befinden.

Doch es darf überhaupt nicht zum Krieg kommen. Selbst wenn Südkorea einen Kompromiss eingehen muss, wünsche ich mir, dass es zu einer friedlichen Wiedervereinigung kommen kann. Der Schmerz eines in sich gespaltenen Volkes ist genug für sich. Ich glaube, dass man Schritt für Schritt das Kriegstrauma fortwaschen muss und dass man, während man den Austausch und die Kommunikation mit Nordkorea schrittweise vorantreibt, gleichzeitig auch das Bewusstsein der Wiedervereinigung in der Bevölkerung stärken muss.

Die Wiedervereinigung hängt nicht von uns ab. Sie hängt von Gott ab. Wir müssen lediglich im Glauben beten und uns nach seinem Willen ausrichten. Dann werden wir sein Wirken sehen und auch die Wiedervereinigung. Die Wiedervereinigung ist nicht ein Ereignis, sondern ein fortlaufender Prozess. Alles kann der Anfang sein. Es scheint mir, dass wir uns jetzt gemeinsam auf die kommenden Aufgaben vorbereiten. Eine wahre Wiedervereinigung bedeutet meines Erachtens, dass sich Nordkoreaner und Südkoreaner kennenlernen, einander verstehen und eine miteinander lebende Gemeinschaft schaffen. Alle Herrschaft und Souveränität liegt bei Gott. Dasselbe gilt für Krieg, Wiedervereinigung und Frieden. Wird es also nicht der Anfang sein, wenn wir mit Gott Immanuel gehen?

Nachdem ich einige Jahre in China gelebt hatte, sind nun auch schon sechs Jahre vergangen, seit ich nach Südkorea gekommen bin. Ich bin einfach nur dankbar, weil ich hier in einer Freiheit leben kann, wie ich sie vorher nie gekannt habe, und weil mir an diesem Ort so zahlreiche Möglichkeiten offenstehen. Doch in Südkorea bereitete mir eine Sache Kopfzerbrechen: das Glaubensleben. Ich sah viele Freunde ohne Glauben, die ein nichtiges Leben führten, und ich spürte den Bedarf nach einer Gemeinschaft, in der man im Glauben seine Träume und Visionen miteinander teilen konnte. Es leben etwa 25 000 nordkoreanische Flüchtlinge in Südkorea und unter ihnen gibt es über 1 000 Studenten. Ein Großteil von ihnen hat keine Familie und versucht, sich mit Computerspielen oder Alkohol von der Einsamkeit abzulenken. Viele tun sich sehr schwer mit der Tatsache, dass sie alleine sind. So spürte ich, dass eine familiäre Glaubensgemeinschaft benötigt wurde.

Das Treffen, das daraufhin entstand, erhielt den Namen »Spross der Wiedervereinigung«. Es entstand aus dem Wunsch heraus, eine Gemeinschaft der Wiedervereinigung zu werden, in der man sein Leben, seinen Schmerz und seine Freude mit anderen teilen konnte. Ich stellte mir außerdem vor, dass die jungen Menschen, die durch diese Gemeinschaft vorbereitet wurden, eines Tages nach der Öffnung Nordkoreas ihren Familien im Norden das Evangelium bringen würden und dass Gott große Freude an dieser Gemeinde haben würde.

Spross der Wiedervereinigung

Zu Beginn war es sehr schwer, diese Treffen durchzuführen. Denn andere Treffen zahlten den nordkoreanischen Flüchtlingen monatlich eine bestimmte Geldsumme. Auf diese Weise hatte sich die Tendenz entwickelt, dass viele nur wegen des Geldes zu den Treffen kamen. Wenn man ihnen kein Geld gab, kamen sie das nächste Mal nicht mehr. Ich hörte auch aus meinen Bekanntenkreisen, dass die nordkoreanischen Flüchtlinge in verschiedene Gemeinden der Umgebung gingen, um zu überprüfen, wie viel eine Gemeinde jeweils gab. Obwohl wir als geistliche Gemeinschaft mit Bibelstudium Ähnlichkeiten zu einer Kirchengemeinde aufwiesen, hatten wir Schwierigkeiten, unsere Treffen aufrechtzuerhalten, weil wir unseren Teilnehmern kein Geld auszahlten.

Sogenannte Sektengemeinden kümmern sich aktiver um die nordkoreanischen Flüchtlinge und geben ihnen mehr Hilfsgelder als die Kirche. Auch manche meiner Flüchtlingsfreunde besuchten Gemeinden, die als Sekten bekannt waren. Doch wenn man sich ihre Gründe dafür anhörte, hatte man dem nichts entgegenzusetzen. Hauptsächlich ging es ihnen um ihre Familien im Norden, denen sie Geld schicken wollten. Es war zu schwer, in Südkorea mit Arbeit Geld zu verdienen und es nach Nordkorea zu schicken; daher sagten sie, dass sie ihrer Familie mit den Geldern helfen wollten, die sie von ihrer Gemeinde bekamen.

Was mich noch stärker verunsicherte, war die Tatsache, dass es sich dabei nicht nur um die Menschen handelte, die nicht an Jesus glaubten. Auch junge Flüchtlinge, die bereits in China zum Glauben gekommen waren, lebten ihren Glauben zwar im Kopf, doch ihr Herz jagte dem Mammon nach. Die materiellen Güter brachten sie ins Wanken. Auch wenn man Geld von der Gemeinde bekommt, darf man sich nicht davon ablenken lassen und muss im Glauben weitergehen. Ich habe viele Menschen gesehen, deren Glaube getrübt wurde und deren Fokus letztlich auf dem Geld landete.

Doch das war die Realität der Gemeinden, zu denen die nordkoreanischen Flüchtlinge strömten, und auch ich musste erst einmal selber in mich gehen und über meine Absichten reflektieren, bevor ich mit dem Finger auf andere Leute zeigte. Denn auch ich hatte ein Jahr lang Geld von einer Kirchengemeinde angenommen, während ich mein geistliches Leben führte. Dabei hatte ich mehrmals meine Absichten kritisch prüfen müssen. In mir regte sich Zweifel gegenüber den großen Gemeinden, die die Flüchtlinge finanziell unterstützten, und gleichzeitig fragte ich mich, ob nicht auch ich nur wegen des Geldes in die Gemeinde ging. Ich dachte viel darüber nach und kam letztlich zum Schluss, die große Gemeinde zu verlassen und in eine kleine Gemeinde zu gehen, die noch im Aufbau war. Wenn ich zu Gott betete, weil das nötige Geld fehlte, dann erlebte ich, wie er die Haushaltskasse füllte, und so konnte ich jeden Tag in Dankbarkeit leben. Dies ist vielleicht eine Art der Herausforderung, die man auf jeden Fall einmal braucht, um im Glauben zu wachsen.

Dasselbe galt auch für das Treffen »Spross der Wiedervereinigung«. Ich entschied nach langem Grübeln, dass es schon genug wäre, wenn nur ein einziger Teilnehmer der Gruppe sein Leben wirklich nach Gottes Wort ausrichten würde. Das sollte das Ziel der Treffen sein. Es tat mir zwar leid, weil ich den Teilnehmern nicht einmal ihre Fahrtkosten erstatten konnte, doch im Glauben, dass Gott in größerem Maße geben würde, betete ich nur für sie. Ich bat keine einzige Gemeinde um finanzielle Unterstützung für dieses Treffen, in dem jugendliche Flüchtlinge aus Nordkorea Bibel lasen, sondern finanzierte alles aus eigener Kasse.

Dabei stieß ich eines Tages an meine Grenzen und es war nicht länger möglich, die Treffen fortzuführen. Ich sagte den Jugendlichen, die gekommen waren, dass wir aufhören würden. Ihre Reaktion war unerwartet. Wenn es am Geld läge, würden sie die finanzielle Last untereinander aufteilen, um das Bibelstudium fortzusetzen. Bis zu dem Zeitpunkt hatten immer ein, zwei Personen das Geld gegeben, damit das Treffen stattfinden konnte, doch jetzt wollten alle ihr eigenes Geld beisteuern, um die Kosten für das Essen zu decken. Ich war gerührt. Einerseits könnte man es als selbstverständlich betrachten, doch andererseits waren es doch Jugendliche, die bei einem anderen Treffen kostenlos leckeres Essen und noch dazu Geld bekommen könnten. Wachstum im Glauben geschieht nicht allein durch Empfangen, sondern vielmehr dann, wenn man selber teilt.

»Spross der Wiedervereinigung« trifft sich jeden Samstag zur Bibelarbeit. Es kommen nordkoreanische Studenten aus Yong'in, Uijŏngbu und Inchŏn, lesen in der Bibel und werden durch eine Eins-zu-eins-Jüngerschaft darauf vorbereitet, das Evangelium von Pjöngjang bis nach Jerusalem zu tragen. In den zwei Jahren, die ich mit den nordkoreanischen Studenten verbracht habe, konnte ich Gottes Wirken auf mächtige Weise erleben. Als ich beobachtete, wie die Jugendlichen eine Liebe für Gottes Wort entwickelten und verändert wurden, spürte ich, dass Gott Freude an diesem Treffen hatte. Ich bin überzeugt, dass die Studenten, die durch das Treffen »Spross der Wiedervereinigung« verändert wurden, eines Tages von Gott gebraucht werden, um andere Menschen im Glauben aufzurichten.

Einmal gingen nordkoreanische und südkoreanische Gemeindemitglieder gemeinsam auf einen missionarischen Kurzeinsatz. Es gab welche, die schon viele Erfahrungen mit solchen Kurzeinsätzen hatten, und auch solche, die zum ersten Mal mit dabei waren. Darunter waren auch viele Nordkoreaner, die zum ersten Mal ins Ausland gingen. Es war eine bunt gemischte Gruppe mit verschiedenen tiefgläubigen Christen bis hin zu denjenigen, die gar nicht glaubten und sich nur angemeldet hatten, um einmal ins Ausland reisen zu können. Daher wiesen sie in ihrer Vorbereitung zahlreiche Schwächen auf. Ein missionarischer Kurzeinsatz bedarf sorgfältiger Vorbereitung. Mir fiel auf, dass in der Leitung kein einziger Nordkoreaner war. Die Südkoreaner empfand ich als besserwisserisch, und wir standen als dumm da. Wir mussten uns mit jeder Frage an sie wenden. Ich bedauerte, dass Nord und Süd sich bei der Zusammenarbeit nicht einigen konnten. In solchen Fällen kam es mir vor, als seien wir nicht Teil einer horizontalen, sondern einer vertikalen Struktur. Es schien mir, als stünden Nord und Süd nicht in einem kameradschaftlichen Verhältnis. Vielmehr schienen die Nordkoreaner Objekte des Mitleids zu sein.

Einmal traf ich einen Südkoreaner. Ich betrachtete ihn als Freund und sprach unbefangen mit ihm. Doch während des Gespräches bekam er einen Anruf. Am Telefon schilderte er seinem Gesprächspartner, dass er im Gespräch mit einem nordkoreanischen Flüchtling sei. Als ich das hörte, fragte ich mich: »Warum kann er mich nicht einfach als einen Freund bezeichnen? Warum nennt er mich nordkoreanischer Flüchtling?«, und ich fühlte mich diskriminiert. Einmal war ich auch im Gespräch mit einem Gemeindeglied, und ich sah zufällig, wie er kurz eine SMS schrieb, dass er gerade im Gespräch mit einem nordkoreanischen Flüchtling wäre und etwas später anrufen würde.

Ein andermal ging ich zu einem Studententreffen. Wir aßen gemütlich zu Abend und unterhielten uns. Durch ganz alltägliche Gespräche lernten wir uns näher kennen und freundeten uns an. Das nächste Mal, als wir uns trafen, erzählte ich von meiner Herkunft. Einen Moment lang schienen sie erschrocken zu sein, dann wurde es unangenehm still. Und von da an bestanden die Gespräche hauptsächlich aus Fragen zu Nordkorea. Bis wir uns verabschiedeten, musste ich von Nordkorea erzählen.

Nach und nach begann ich, solche Begebenheiten als ein positives Zeichen für die nahende Wiedervereinigung zu sehen. Denn nur wenn diese Menschen mehr über Nordkorea wissen, werden sich Missverständnisse und Vorurteile lösen, und nur durch Begegnungen von Nord und Süd beginnt die Wiedervereinigung. Außerdem bekomme ich durch Aufklärung über Nordkorea gleichzeitig die Gelegenheit zur Aufklärung über die Wiedervereinigung, und darin sehe ich meine Berufung.

Aber in alltäglichen Beziehungen und Bekanntschaften ist es trotzdem unangenehm, wenn man darauf reduziert wird, aus Nordkorea zu stammen. Ich kenne viele Nordkoreaner, die solchen Situationen aus dem Weg gehen, Fragen ablehnen und ihre Identität verstecken. Nordkoreanische Flüchtlinge kennen sich untereinander, aber man sieht immer wieder welche, die so tun, als seien sie Südkoreaner.

Die südkoreanische Gesellschaft wird heute zunehmend multikulturell. Nordkoreanische Flüchtlinge gehören dazu. Wenn diese es nicht schaffen, sich in der südkoreanischen Gesellschaft zu integrieren, und weiterhin von den südkoreanischen Bürgern diskriminiert werden, werden sie – wie es schon viele von ihnen getan haben – Südkorea verlassen und in einem anderen Land als

Ausländer leben. Deswegen ist ein nationales Interesse an nordkoreanischen Flüchtlingen, Verständnis und eine Beziehung auf horizontaler Ebene notwendig. Denn die Nordkoreaner, die sich in Südkorea niedergelassen haben, werden für den Prozess der Wiedervereinigung von unschätzbarem Wert sein.

Heilung der Wunden

Ich habe bis zu meinem fünften Lebensjahr fünf Stiefväter gehabt und in meinem Leben mehr Zeit ohne meine Eltern verbracht als mit ihnen. Weil ich in der Familie nie eine richtige Erziehung bekommen hatte, hatte ich nicht einmal grundlegendste Manieren. Da ich nie die Worte »Ich liebe dich« gehört hatte, verstand ich sie nicht, und wenn ich einen Fehler machte, konnte ich ihn nicht eingestehen und mich entschuldigen – selbst wenn man mich totprügelte. Ich hatte nur aus meiner eigenen Kraft und meinem Selbstschutz gelebt, und wenn ich das niederlegen sollte, glich es für mich dem Tod. Wenn mein Gegenüber sich ebenfalls falsch verhielt, war ich der Meinung, dass das mein eigenes Fehlverhalten ausgleichen und rechtfertigen würde; daher suchte ich stets nach dem Fehler des anderen, statt auf mich zu sehen, und brachte allerlei Ausreden, damit ich nicht meinen Fehler eingestehen musste. Ich sprach Erwachsene nicht in der angebrachten, respektvollen Art und Weise an und hatte heftige Wortgefechte mit ihnen. Alle Gefühle, die ich hatte, sprudelten in Form von Worten aus mir heraus.

Doch in meiner Umgebung hatte ich gutherzige Menschen, die mich mit viel Geduld ertrugen und ermutigten, selbst wenn ich sie dabei verletzte. Auf diese Weise lernte ich, meine Gefühle vor Erwachsenen und Kindern zu kontrollieren und mich respektvoll zu verhalten. Ich erinnere mich an Menschen an meiner Seite, die mich durch Worte und Gebet ermutigt haben und denen ich immer noch dankbar bin. Sie haben mir durch ihr Leben gezeigt, was Liebe ist. Sie haben mir erklärt, wie mein Fehlverhalten andere Menschen verletzen kann, und sie haben mir beigebracht,»Es tut mir leid« zu sagen und es auch zu meinen. Seitdem kann ich ohne Hemmungen »Ich liebe dich« sagen, und Worte wie »Danke« und »Entschuldigung« wurden Teil meines häufig gebrauchten Wortschatzes. Wenn selbst ich verändert wurde, kann dann nicht jeder Mensch Veränderung erfahren?

Ich habe oft gesehen, wie Leute es nicht länger als drei bis vier Jahre im Dienst für nordkoreanische Flüchtlinge aushielten und dann wegen all der emotionalen Verletzungen aufgaben. Da nordkoreanische Flüchtlinge selbst viele Verletzungen im Herzen tragen, bekommt man beim Umgang mit ihnen ihre Bitterkeit deutlich zu spüren. Es ist wahr, dass man schnell an das Ende seiner Kräfte kommt, wenn man dauerhaft mit ihnen zu tun hat. Nordkorea ist in vielerlei Hinsicht ein Land, das sich mit Falschheit schmückt. Die Bewohner sind sich dessen auch bewusst. Deswegen sind die Menschen selbst im alltäglichen Leben von Misstrauen geprägt. Diese Gewohnheit, die tief in den Menschen verwurzelt ist, zeigt sich in Südkorea häufig durch übertriebene Erzählungen von Begebenheiten und durch Lügen. Denn um in Nordkorea und China zu überleben, war es notwendig zu lügen. Es braucht Zeit, diese Selbstschutzmechanismen und Angewohnheiten abzulegen.

Es ist natürlich, dass Menschen, die keine Liebe bekommen haben, sich nach Liebe sehnen, doch der erste Ausdruck von diesem langjährigen Liebesentzug ist der, dass sie zunächst ihre

Herzen verschließen. Sie befürchten, dass ihr geöffnetes Herz wieder verletzt werden könnte. Daher öffnen sie ihre Herzen nicht ohne Weiteres. Sie vertrauen niemandem und wollen sich auf keinen Menschen verlassen. Wenn man dies versteht und in ihre Herzen schaut, wird man ein verletztes, ängstliches, in sich gekauertes Kind sehen. Veränderung ist bei ihnen möglich, wenn man dieses verängstigte, zitternde Kind fest in den Arm nimmt.

Das liegt nicht in der Macht eines Menschen; daher müssen wir stets im Vertrauen auf Gott, durch seine Kraft und seine Liebe handeln. Wenn wir freigiebig von Gott erhalten haben, müssen wir selbst auch freigiebig sein. In der Bibel steht, dass, wer unter Tränen sät, mit Freude ernten wird, und so wird auch jemand, der in Geduld wartet, Veränderung in Menschen bewirken können.

Als ich kurz vor dem Tod stand, hat Gott mich gerettet. Als ich schon längst aufgegeben hatte, habe ich ihn wirken gesehen. Als ich am Rande der Klippe stand, hat er mich festgehalten, und im finsteren Tal war er bei mir und hat mir geholfen. Auch als ich mich von meinem Herrn abwandte, hat er mir stets zugeflüstert, dass er mich liebt. Wenn ich einen Traum habe, dann ist es der, für Gott zu leben und zu sterben. Ich bin überzeugt, dass Gott für meine Bedürfnisse sorgen wird, wenn ich für das Evangelium des Himmels lebe.

Mein Traum ist es, vollzeitiger Missionar zu werden und Menschen Gottes auszubilden. Ich möchte mein jetziges Studium abschließen und meinen Master in Theologie machen. Wenn sich die Tore Nordkoreas öffnen, möchte ich dort die Diener Gottes ausbilden. So möchte ich dazu beitragen, dass sich Gottes Reich über Nordkorea bis nach Jerusalem erstreckt.

Neben meinem Studium leite ich die Webseite der on- und offline Community Talbukmin*, eine Plattform, auf der sich Menschen über die Wiedervereinigung austauschen können, um dabei kulturelle und ideologische Differenzen zu überbrücken. Ich spürte den Bedarf nach einer Plattform, auf der die nordkoreanische Kultur nach außen geöffnet werden könnte und auf der alle Interessenten kommunizieren und ein tieferes Verständnis füreinander entwickeln könnten.

Ich habe gesehen, dass durch die Begegnung von nordkoreanischen Flüchtlingen und Südkoreanern sowie durch den Austausch beider Seiten das koreanische Volk vereint von Träumen und Hoffnung singen kann.

Wenn Gott die finanzielle Tür öffnet, möchte ich Kindern nordkoreanischer Flüchtlinge in der toten Zone ein Stipendium geben und damit die Möglichkeit zur Bildung öffnen. Das sind die Kinder, die nordkoreanische Frauen in China zur Welt bringen. Momentan gibt es schätzungsweise 4000 solcher Kinder. Sie bekommen in Südkorea nicht die Begünstigungen wie nordkoreanische Flüchtlinge. Wenn die Mutter ein nordkoreanischer Flüchtling ist, der Vater jedoch Chinese, wird das Kind nämlich nicht als nordkoreanischer Flüchtling anerkannt. Deswegen schicken viele Frauen, die mit einem solchen Kind bis nach Südkorea gekommen sind, es wieder nach China oder geben es in Südkorea zur Adoption frei. Aber auch in China haben diese Kinder keine Bürgerrechte. Es gibt nichts Wertvolleres für ein Kind, als bei seinen Eltern zu sein. Das weiß ich aus eigener, schmerzhafter Erfahrung. Deswegen möchte ich diese traurige Realität nicht einfach hinnehmen, sondern träume davon, diesen

---

* www.talbukmin.com (Koreanisch)

Kindern einen Traum und eine Zukunft zu schenken. Doch im Wesentlichen möchte ich wie Abraham ein Leben in Gehorsam nach Gottes Wort führen. Auch wenn sich das von meinen eigenen Plänen unterscheidet, möchte ich ihm in seinem Wort und im Gebet vertrauen und folgen. Das Einzige, was ich tun kann, ist zu gehorchen.

Gott hat mich in Südkorea gesegnet. Die meisten meiner Wünsche haben sich erfüllt. Ich konnte lernen und studieren und ich hatte die Möglichkeit, mehrere Länder zu bereisen. Dabei bin ich zu dem Schluss gekommen, dass es nicht viele Länder gibt, die zum Leben so gut sind wie Südkorea.

Ich hatte mir auch gewünscht zu heiraten. Da ich als Waise gelebt habe, hatte ich immer Sehnsucht, wenn ich an meine Familie dachte. Deswegen wünschte ich mir von Herzen eine Familie. Denn durch Erfahrungen im Leben habe ich erkannt, wie kostbar eine von Gott gegebene Familie ist. Gott hat auch diesen Wunsch erfüllt. Bei all dem Segen will ich nie Nordkorea und meine Berufung aus den Augen verlieren.

Am 28. Februar 2012 waren exakt 1 000 Tage vergangen, seit ich meine Freundin kennengelernt hatte. Wir aßen in einem schönen Restaurant zu Abend und ich machte ihr mit Blumen – so wie ich es aus den südkoreanischen Fernsehserien kannte – den Antrag. Dann gingen wir zum Chŏng'gyechŏn hinaus. Dort war gerade ein Streik des Fernsehsenders MBC im Gange und sogar kleine Kinder waren unter den Demonstranten. Ich fragte mich plötzlich: »Was tue ich hier eigentlich gerade?« Ich erinnerte mich an meine Landsleute, an die ich schon lange nicht mehr gedacht hatte und die von einem unabhängigen Fernsehsender nur träumen konnten. Wir machten uns auf den Weg zur chinesischen Botschaft. Dort hatte sich eine Gruppe versammelt, die die Rettung von 31 nordkoreanischen Flüchtlingen forderte, die die chinesische Regierung nach Nordkorea abgeschoben hatte. Es waren leider nicht viele Leute da. An jenem Tag beschloss ich, täglich mit meiner Frau zum Gebet dorthin zu gehen.

Wenn ich bis zu meiner Ankunft in Südkorea danach gestrebt hatte, meine eigenen Wünsche und Ziele zu verwirklichen, so möchte ich dies jetzt ablegen und ein gebendes Leben führen. Das ist wahrlich nicht einfach und daher werde ich jeden Tag vor dem Kreuz darin trainiert – denn, ja, mein Leben soll eine Quelle des Segens sein!

Ich habe eine Berufung. Es war Gott, der mich aus Nordkorea rief. Es ist ebenfalls Gott, der mich wieder senden wird. Ich möchte nicht selbst darüber entscheiden, sondern in Gehorsam dort hingehen, wohin Gott mich schickt und wo seine Liebe gebraucht wird.

Im Buch des Propheten Jesaja las ich über Fasten und Gebet. So will ich für Korea beten und fasten und auch andere dazu ermutigen.

Fasten, wie ich es liebe, sieht doch vielmehr so aus: Lasst die zu Unrecht Gefangenen frei und gebt die los, die ihr unterjocht habt. Lasst die Unterdrückten frei. Zerbrecht jedes Joch. Ich möchte, dass ihr euer Essen mit den Hungrigen teilt und heimatlose Menschen gastfreundlich aufnehmt. Wenn ihr einen Nackten seht, dann kleidet ihn ein. Verleugnet euer eigenes Fleisch und Blut nicht. Wenn du so handelst, wird dein Licht aufleuchten wie die Morgenröte. Deine

Heilung wird schnelle Fortschritte machen. Deine Gerechtigkeit geht dir dann voraus und die Herrlichkeit des Herrn folgt dir nach. Dann wirst du rufen und der Herr wird antworten. Du wirst um Hilfe schreien und er wird antworten: »Hier bin ich.« Entferne die Unterdrückung aus deiner Mitte. Lass die höhnischen Fingerzeichen und das trügerische Reden! Öffne dem Hungrigen dein Herz und hilf dem, der in Not ist. Dann wird dein Licht in der Dunkelheit aufleuchten und das, was dein Leben dunkel macht, wird hell wie der Mittag sein. Dann wird dich der Herr beständig leiten und dir selbst in Dürrezeiten innere Zufriedenheit bewahren. Er wird deinen Körper erfrischen, sodass du einem soeben bewässerten Garten gleichst und bist wie eine nie versiegende Quelle. Deine Leute werden die Ruinen aus alter Zeit wieder aufbauen. Die Grundmauern vieler vergangener Generationen werdet ihr wieder errichten. Dann wird man euch folgendermaßen nennen: »Die die Risse ausbessern und die Straßen erneuern, um sie bewohnbar zu machen.«

Jesaja 58,6-12

Die Botschaft vom Kreuz für alle

Ich weiß, wie unsinnig die Botschaft vom Kreuz in den Ohren derer klingt, die verloren gehen. Wir aber, die wir gerettet sind, erkennen in dieser Botschaft die Kraft Gottes.

1. Korinther 1,18

Ich habe etwas, auf das ich stolz bin. Dieses Etwas ist nichts anderes als die Gnade Gottes. Diese hat sich darin gezeigt, dass vor 2 000 Jahren Jesus für mich, ja für uns alle, am Kreuz gestorben ist, weil er uns bis in den Tod geliebt hat. Wenn wir an Jesus glauben, bekommen wir das ewige Leben und das Himmelreich als Geschenk – was für eine frohe Botschaft!

Ein solches Geschenk kann man nicht einfach für sich behalten, daher ist es eigentlich selbstverständlich, dass man anderen Menschen stolz davon erzählt. Ich habe gesehen, dass sowohl Nordkoreaner, die gerade aus ihrem Land kamen, als auch Südkoreaner dieselbe Antwort geben: »Zeige mir Gott, dann werde ich glauben.« Vielleicht ist es ganz natürlich, dass ein Atheist einen solchen Beweis fordert. Es ist auch verständlich, dass Menschen, die durch die Chuch'e-Ideologie mit dem Motto »Jeder ist seines eigenen Schicksals Herr« gelebt hatten, sich nur auf das Sichtbare verlassen und daher Schwierigkeiten haben, wenn sie von einem Gott hören, den sie nicht sehen können.

Dass ich in der Vergangenheit auf meine Kraft vertrauen konnte, war so lange möglich, wie ich als mein eigener Gott lebte. Aber mein altes Ich ist gestorben und ich konnte Gott begegnen, als ich ihm, dem Schöpfer des Himmels und der Erde, all meine Eigenständigkeit übergab und ihm in Gehorsam folgte.

Das Leben ist kurz. Wenn man in seinem kurzen Leben nur auf sich selbst vertraut, ist es schwer, der Hölle zu entgehen. Doch wenn man in seinen wenigen Tagen Jesus begegnet, beginnt dort das Wunder. Wenn man bis dahin unter der Herrschaft der Sünde gelebt hat, verlässt der Teufel einen in dem Moment, in dem man Jesus begegnet, und Gott und seine Engel stehen ihm bei.

Es liegt Kraft im Evangelium. Diese Kraft ist die Kraft des Kreuzes. Um die Menschheit zu retten, hat Jesus, der Gott ist, aus Liebe zu den Menschen seinen Thron im Himmel verlassen und ist auf diese Welt gekommen.

Anstelle der sündigen Menschen nahm Jesus, der ohne Sünde war, all die Sünde der Menschheit auf sich und ging ans Kreuz, um den Preis der Sünde zu begleichen. Drei Tage nach seinem Tod ist er wieder auferstanden und sitzt nun zur Rechten Gottes, wo er für uns eintritt. Am letzten Tag wird Jesus nicht mehr als Fürsprecher, sondern als Richter kommen.

Menschen des Glaubens müssen mit Furcht und Zittern ihre Rettung bewirken. Jeden Tag müssen sie ein authentisches Leben im Glauben leben. Das bedeutet, dass zuallererst die persönliche Beziehung zu Gott wiederhergestellt wird. Dann heißt es, ein gesundes und heiliges Leben im Glauben zu führen, indem man auch nach den Waisen und Witwen unserer Zeit, also nach Menschen in Not, schaut. Heiligkeit ist die Reinheit von Sünde. Wenn man, abgesondert von Weltlichkeit, in Liebe zu Gott und seinen Mitmenschen lebt, übernimmt Gott die Verantwortung für diesen Menschen. Wenn Sie bisher ohne diese erstaunliche Wahrheit gelebt haben, wünsche ich mir, dass Sie das folgende Gebet nachsprechen können. Und ich möchte Ihnen von Herzen empfehlen, eine örtliche Gemeinde aufzusuchen.

Bekennen Sie mit lauter Stimme:
»Gott, Vater, ich danke dir. Ich bin ein Sünder. Ich habe dich nicht gekannt und bin in eigener Kraft losgezogen und umhergewandert und habe mein Leben nach meinem eigenen Willen geführt. Jetzt lege ich alle Sünden meiner Vergangenheit vor das Kreuz Jesu und tue Buße. Bitte vergib mir all meine Schuld mit dem kostbaren Blut, das du am Kreuz vergossen hast, und

mache mich rein. Ich glaube, dass Jesus für mich am Kreuz gestorben und nach drei Tagen auferstanden ist. Ich nehme Jesus als Herrn über mein Leben an. Bitte komm in mein Leben und regiere in mir. Ich danke dir, Gott, dass du meine Sünden vergeben und mir ewiges Leben geschenkt hast. Im Namen Jesu, Amen.«

Ich freue mich, dass auch Sie Kind Gottes geworden sind. Es gibt einen Brief, den Gott geschrieben hat, weil er uns so sehr geliebt hat. Dieser Brief ist die Bibel. Durch die Bibel kann man Gottes Liebe noch tiefer erfahren.

Literatur

Nicht alles, was ich beschrieben habe, habe ich auch selbst erlebt. Zum Beispiel bin ich nie in Pjöngjang gewesen. Manche Informationen habe ich aus Büchern, aus dem Internet und aus Erzählungen.

Seit 1996 veröffentlicht das Institut der Nationalen Vereinigung in Seoul jährlich ein »Weißbuch über Menschenrechte in Nordkorea«, das sich auf die Befragungen stützt, die die südkoreanische Regierung mit jedem neuen Flüchtling aus Nordkorea führt. Die Berichte können hier eingesehen werden: http://www.kinu.or.kr/eng/pub/pub_04_01.jsp.

Keinesfalls veraltet ist der detaillierte Bericht von David Hawks, den er 2003 für das US-Komitee für Menschenrechte in Nordkorea anfertigte, und der auch als PDF-Datei bezogen werden kann: »The Hidden Gulag. Exposing North Korea's Prison Camps. Prisoners' Testimonies and Satellite Photographs«, http://www.hrnk.org/uploads/pdfs/The_Hidden_Gulag.pdf.

Die amerikanische Journalistin Barbara Demick veröffentlichte 2009 ihr Buch »Nothing to Envy: Ordinary Lives in North Korea«, für das sie Interviews mit mehr als einhundert Flüchtlingen aus Nordkorea geführt hat.

Über das System von Songbun kann man sich ausführlich informieren bei Robert Collins: »Marked for Life: Songbun, North Korea's Social Classification System«. Das Buch findet man auch als PDF-Datei im Internet: http://www.hrnk.org/uploads/pdfs/HRNK_Songbun_Web.pdf.

Auf Deutsch liegen weitere Zeugenberichte vor wie »Flucht aus Lager 14: Die Geschichte des Shin Dong-hyuk, der im nordkoreanischen Gulag geboren wurde und entkam« von Blaine Harden (2012) oder »Schwarze Magnolie: Wie ich aus Nordkorea entkam. Ein Bericht aus der Hölle« von Hyeonseo Lee, das 2015 erschienen ist.

Maryam Rostampour, Marziyeh Amirizadeh

Verurteilt im Iran
Der hohe Preis des Glaubens

Gebunden, 14 x 21,5 cm, 388 Seiten
Nr. 395.462, ISBN 978-3-7751-5462-8
Auch als E-Book e

»Ihr seid wie Engel«. Maryam und Marziyeh landen im berüchtigtsten
Gefängnis des Iran, weil sie ihren christlichen Glauben nicht verschwei-
gen. Doch obwohl Tod oder Folter drohen, bleiben sie standhaft. Sie erleben Unglaubliches, bis sie unerwartet freigesprochen werden.

Volker Kauder

Verfolgte Christen
Einsatz für die Religionsfreiheit

Gebunden, 13,5 x 20,5 cm, 256 Seiten
Nr. 395.418, ISBN 978-3-7751-5418-5
Auch als E-Book e

Der Politiker Volker Kauder beschreibt, warum Religionsfreiheit und
Christenverfolgung alle angeht. Er lässt Betroffene, Kirchenvertreter und
Experten zu Wort kommen, vermittelt lebhafte Eindrücke und einen
umfassenden Überblick über ein hochaktuelles Thema.

Bitte fragen Sie in Ihrer Buchhandlung nach diesen Büchern!
Oder schreiben Sie an: SCM Verlag, D-71087 Holzgerlingen;
E-Mail: info@scm-verlag.de; Internet: www.scmedien.de

Thomas Schirrmacher

Menschenhandel
Die Rückkehr der Sklaverei

Taschenbuch, 12 x 19 cm, 112 Seiten
Nr. 395.335,
ISBN 978-3-7751-5335-5

Menschenhandel bringt Umsatz. In der internationalen Kriminalität kommt ihm nahezu gleich viel Bedeutung zu wie dem Drogenhandel. Schirrmacher macht deutlich, dass moderne Sklaverei nicht nur in Asien oder Afrika ein Thema ist, sondern bis nach Deutschland reicht.

Thomas Schirrmacher

Menschenrechte
Anspruch und Wirklichkeit

Taschenbuch, 12 x 19 cm, 128 Seiten
Nr. 395.379,
ISBN 978-3-7751-5379-9

Als die UN-Menschenrechtscharta 1948 verkündet wurde, war das ein großer Schritt. Doch ist der Weg von einer guten Erklärung bis zu Taten oft lang. Prof. Schirrmacher gibt einen Überblick über Hintergründe und die aktuelle Lage weltweit.

Bitte fragen Sie in Ihrer Buchhandlung nach diesen Büchern!
Oder schreiben Sie an: SCM Verlag, D-71087 Holzgerlingen;
E-Mail: info@scm-verlag.de; Internet: www.scmedien.de